快樂傳情

自閉症譜系障礙兒童社交訓練手冊

潘穎文 著

新雅文化事業有限公司

www.sunya.com.hk

快樂傳情
——自閉症譜系障礙兒童社交訓練手冊

作　　者：潘穎文
繪　　圖：陳卓嘉
責任編輯：潘曉華
美術設計：何宙樺
出　　版：新雅文化事業有限公司
　　　　　香港英皇道 499 號北角工業大廈 18 樓
　　　　　電話：（852）2138 7998
　　　　　傳真：（852）2597 4003
　　　　　網址：http://www.sunya.com.hk
　　　　　電郵：marketing@sunya.com.hk
發　　行：香港聯合書刊物流有限公司
　　　　　香港新界大埔汀麗路 36 號中華商務印刷大廈 3 字樓
　　　　　電話：（852）2150 2100
　　　　　傳真：（852）2407 3062
　　　　　電郵：info@suplogistics.com.hk
印　　刷：中華商務彩色印刷有限公司
　　　　　香港新界大埔汀麗路 36 號
版　　次：二〇一五年七月初版
　　　　　10 9 8 7 6 5 4 3 2 1

版權所有・不准翻印

ISBN: 978-962-08-6362-2
© 2015 Sun Ya Publications (HK) Ltd.
18/F, North Point Industrial Building,
499 King's Road, Hong Kong
Published and printed in Hong Kong

目錄

第二章　初小篇

第三章　高小篇

推薦序

這一本書充滿愛。

我與穎文是大學同學。雖然事隔多年，但至今我還記得當年她立志成為言語治療師時的抱負——為有需要人士提供最好、最適切的治療。穎文性格認真，處事細心，而且擅於溝通，這些特質成就了這麼一位出色的言語治療師。

穎文曾說：「我希望自閉症譜系障礙兒童的家長，能夠更了解讓孩子融入社羣的方法。」我與穎文經常接觸相關的家長。當我們跟這些家長談天時，往往發現他們有一點焦慮，有一點無助，亦有一點沮喪。我們都盡力介紹各種方法協助他們，但是口述並不是最有效的方式。這本書能夠緊貼自閉症譜系障礙兒童的家長的需要，以深入淺出的取向、生活化的活動及親切友善的態度，介紹一系列的訓練活動，期望通過這些活動不單能促進自閉症譜系障礙兒童的語言發展，更能減輕這些家長的壓力！

穎文並不是純粹以言語治療師的角度構想這本書，她更以一位母親的身分去協助其他家長。她曾說：「生了小孩之後，才明白母親要照顧的事情何其多！」因此，她做好自己的全職工作及照顧家人後，就騰出休息時間撰寫這本書。大家亦不難察覺到書

中反覆重現的叮嚀，正好反映出穎文十分關顧家長的需要。我不得不佩服這一位母親。

　　這本書承載着穎文對言語治療的抱負、對協助相關家長的期盼及身為母親的關懷。希望讀者能掌握書中所有的教學方法，從而促進兒童的語言發展！

　　　　　　　　　　　　　　　羅頌華 博士
　　　　　　　　　　香港教育學院幼兒教育學系專任導師

當這本書出版時，我應該是兩個孩子的母親了。

謝謝我的兩個孩子，是他們讓我從母親的角度重新理解言語治療的專業知識，令我能有更多的體會和能力幫助不同的家庭。當了母親後，我才明白作為父母的那一份愛與堅持。因此，我特別敬佩有特殊需要的孩子的父母，他們經歷的困難和失落想必是比一般父母的多。

我從事言語治療師的工作超過十年，服務過很多自閉症譜系障礙兒童，也接觸過他們的父母，我深切體會到他們憂心孩子未能融入社羣，但又不知怎樣協助的困難。我特別希望扶持這些父母，所以把我多年來的臨牀經驗及認識的訓練策略，設計成不同的活動，再結合成書，讓他們在最少的教材準備下，就能與孩子輕鬆地進行練習。我期望這些父母不再只是懂得訓練孩子社交能力的理論，以及讓孩子在治療室及昂貴的課堂中接受訓練。其實自閉症譜系障礙兒童的父母也能夠在日常生活中，引導孩子進行簡單而有效的訓練；孩子能夠得到進步與成長，相信就是他們為人父母的最大安慰。

謝謝羅卓鋒小朋友用心地繪畫書中部分的插圖，還有我的師姐——言語治療師兼碩士同學蔡惠雲 Stella，讓我有機會接觸新雅文化事業有限公司。當然，也謝謝我工作的救世軍天鑰家庭及兒童發

展中心，容許我在工餘時把經驗集結成書，幫助有需要的家庭。

謝謝這些年來，我接觸的每一個家庭及孩子。你們成就了今天的我，讓我更有能力及信心協助有需要的人。特別是 Kathy 媽媽、Doris 媽媽和俊爸爸，你們寶貴的意見分享，不但充實了書中的內容，也讓其他有共同困難的家庭更有信心及技巧地運用書中的訓練活動，以改善孩子的社交技巧。

我要特別感謝我的家人，在我編寫此書及在專業發展上給我的鼓勵和支持，讓我可專心及有信心地完成工作。最後，謝謝新雅文化事業有限公司願意把我的文字出版，並提供了很多專業意見，協助我清楚地演繹自己的經驗。你們的幫忙，讓更多有自閉症譜系障礙兒童的家庭可以受惠，使相關的經驗和知識得以傳承下去。

這書或許有進步的空間，如各方人士有意見，歡迎分享及賜教。

在此，我希望每位讀者在書中得到啟發，發揮出更有效教導自己孩子的方法，令孩子得以愉快地成長。

潘穎文

言語治療師

1943年，美國精神科醫生肯納（Leo Kanner）發表《情感接觸的自閉障礙》（*Autistic disturbance of affective contact*）一文，文中報告了十一個案例（八男三女的兒童），並提出了「幼兒自閉症」這個名稱。這些案例中的兒童在不滿兩歲時就呈現了以下特徵：

1. 極度缺乏和他人的情感接觸；

2. 對日常生活或活動或環境強烈地要求一致性；

3. 對某些物品有特殊偏好，且以極佳的精細動作操弄這些物品；

4. 沒有語言，或雖有語言，但其語言似乎不是用來與人溝通；

5. 呈現聰明沉思的外貌，保留良好的認知潛能：有語言者，表現出極佳的記憶力；未有語言者，常在操作測驗中展現其潛能。

肯納的報告指出，這些案例中的兒童發病時期雖為嬰幼兒期，但病徵會持續至成年。肯納的發表影響了日後對「自閉症的診斷」。

自閉症在上世紀八十年代以前，並無統一診斷標準，且診斷是非黑即白。自1980年起，自閉症診斷沿用由美國精神醫學學會出版的《精神疾病診斷與統計手冊》第三版（*Diagnostic and Statistical Manual of Mental Disorders, Third Edition*），簡稱DSM-III。這本手冊，是美國和其他國家最常使用來診斷精神疾病的指導手冊。

隨着對自閉症的認識加深，業界改用DSM-III-R及DSM-IV這兩個版本作診斷。而第五版的診斷手冊（DSM-5）於2013年5月18日在美國出

版，並對自閉症的診斷準則有很大的修改，以反映業界現時對自閉症有更深入的理解及更精確的診斷。自閉症不再是非黑即白，可以是一個譜系，即有不同程度的患者。

在DSM-5的診斷中，正式以「自閉症譜系障礙」（Autism Spectrum Disorder）取代了「自閉症」、「亞氏保加症」、「非典型自閉症」等以往的診斷。被診斷患有自閉症譜系障礙需包括以下條件：

A. 社交溝通及社交互動行為障礙

　（被診斷者在此項需要表現以下所有特徵）：

　◎社交情緒互動障礙

　◎在社交互動時有明顯非語言溝通行為障礙

　◎發展及維持人際關係障礙

B. 局限、重複的行為、興趣及活動

　（被診斷者需要表現以下最少兩項特徵）：

　◎刻板而重複的運動性狀態、物件使用行為或說話模式

　◎堅持一致性，固執於常規或語言或非語言的行為模式，過分抗拒改變

　◎異常地專注於刻板而局限的興趣模式

　◎對感觀刺激有過高或過低的反應或對感觀物有奇特的興趣

C. 症狀必須在童年早期出現（沒有年齡限制）

D. 影響日常生活與人溝通相處的技能

E. 按自閉症症狀的嚴重程度進行分類

（需要協助、需要大量協助、需要非常大量協助）

嚴重程度	社交溝通	局限性興趣及重複性行為
程度一： 需要協助	◎在沒有支援的情況下，語言和非語言能力的社交溝通技巧出現明顯的缺損，影響社交互動； ◎在引起社交互動方面有困難，對於他人引起的社交互動有異常或不成功的回應，或較少有回應。	◎缺乏彈性的行為影響了日常生活； ◎不願意改變活動； ◎欠缺組織和計劃能力，阻礙了獨立性的發展。
程度二： 需要大量協助	◎在有支援的情況下，語言和非語言能力的社交溝通技巧出現明顯的缺損，影響社交互動； ◎在引起社交互動方面有困難，對於他人引起的社交互動有異常或不成功的回應，或較少有回應。	◎缺乏彈性的行為、難以應付改變或固執/重複性行為出現的頻密程度，足以令一般人察覺。當焦點或行動被打斷，會顯得沮喪。
程度三： 需要非常 大量協助	◎語言及非語言能力的社交溝通技巧嚴重缺損，嚴重影響社交互動功能； ◎極少引起社交互動，對於他人引起的社交互動極少有回應。	◎缺乏彈性的行為、極難應付改變或局限性/重複性的行為明顯影響日常生活。當焦點或行動被打斷，會顯得非常沮喪或不知所措。

本書應用的教學策略

　　本書在設計訓練活動及分享親子故事的過程中，主要融入了以下四個教學策略，讓孩子更容易掌握社交溝通技巧。

1. 想法解讀

　　想法解讀是讓孩子學習推測別人的想法（包括思想、信念、意圖及需要），使孩子明白別人在行為、說話或決定背後的原因，從而學習作出恰當的社交行為及應對。

2. 視覺策略

　　被診斷患有自閉症譜系障礙的孩子，對視覺信息有較強的反應及較佳的理解。視覺策略就是利用文字、相片及圖像等，協助這些孩子學習與人溝通。

3. 模仿

　　由家長或另一位遊戲參與者示範活動目標中所列出的社交技巧，讓孩子更容易掌握。

4. 增強及回應法

　　當孩子做到活動目標中所列出的行為時，家長應即時讚賞以強化該行為。另外，家長即時就孩子的表現作出回應，能讓孩子更明白社交技巧。

本書使用說明

本書適用於社交溝通能力較弱，特別是被診斷患有自閉症譜系障礙的學前至高小階段的孩子。

家長或照顧者可輕鬆地依據書中的指引和步驟，完成訓練活動和故事分享，協助孩子掌握社交技巧。訓練活動所需要的教材為日常生活用品或孩子普遍擁有的玩具，另有部分教材已附印在書內。

本書主要分為「訓練活動」及「親子故事」兩大部分：

一、訓練活動

家長可按需要選擇為孩子進行各階段的訓練活動，再按下列各部分調整活動內容。

家長評分 讓使用者容易理解該訓練活動的成功準則，以了解孩子能否掌握當中的社交技巧。

進階指引 當孩子達到訓練活動的目標後，家長可運用此部分的方法加深訓練活動的難度。

提示指引 當孩子未能順利完成訓練活動時，家長可用此部分協助孩子掌握活動目標。

變一變 當孩子達到訓練活動的目標後，家長可運用此部分的變化活動，鞏固孩子掌握活動目標。

二、親子故事

　　家長可按需要為孩子讀出合適的親子故事，以鞏固孩子掌握該章中學習到的社交技巧。當孩子未能回答相關的故事問題時，家長可利用「提示指引」給予提示；當孩子說出正確答案後，則可利用「家長回應」加強孩子對主題的認知。

　　家長引導孩子回答和故事有關的問題後，可根據評分採取下一步行動。

1. 孩子能回答4至5題。

恭喜你，這表示孩子能運用社交知識分析社交情景，你可以：

◎ 在日常生活中多讓孩子分析類似情景，有需要時以故事情節作提示，引導孩子運用已掌握的社交技巧分析日常情景。

◎ 參考本故事的「進階指引」，提升孩子的社交溝通技巧。

2. 孩子能回答2至3題。

這是一個好開始，你可以：

◎ 把孩子未能回答問題的相關段落再加以解釋，引導孩子明白故事意思。

◎ 多引導孩子代入故事人物中，思考故事人物的感受及行為。

3. 孩子能回答0至1題。

不要緊，你們已很努力了，你可以：

◎ 嘗試在另一時間再與孩子進行練習。

◎ 每次只讀一段，並對故事內容多加解釋，再發問該段的相關問題。

◎ 再次進行本章中相關的訓練活動，以鞏固社交技巧的基礎。

第一章

學
前
篇

第一章引言

一個關於「自閉症譜系障礙」兒童的故事

爸爸新買的玩具

自閉症譜系障礙兒童面對的困難（學前篇）

　　每位父母迎接新生命之時，總是懷着對孩子健康快樂地成長的盼望。「自閉症譜系障礙」這個名詞，往往在家長的預算之外。起初，當家長發現自己孩子的表現有點特別時，可能會認為這是個別差異。家長或許會想：「我家小孩真容易照顧，只要看着車輪，就能幾小時動也不動，我也可以專心打理家務了。」或者，「我家小孩真獨立，不會纏着人，也不會嚷着要爸爸媽媽陪他玩。」或者，「我的孩子記憶力真好，對日子及數字的記憶比我還好很多。」然而，隨着孩子成長，家長逐漸發現孩子特別的地方並不尋常。從臨牀經驗總結，以下是學前階段自閉症譜系障礙兒童在社交溝通方面的部分特點：

◎ 自我中心

◎ 抗拒別人加入其活動中

◎ 不喜歡參與羣體活動

◎ 除了有特別需要外，不會主動接觸別人

◎ 較少與人分享或共同注視有趣的事物

◎ 對物品的興趣比對人的興趣大

◎ 不明白別人眼神及動作的意思

◎ 喜歡重複性的遊戲方式，遊戲時缺少創意及想像力

◎ 當別人改變他的遊戲方式時，他會感到不高興

◎ 遇上喜歡的東西時，能專注一段很長時間，但對沒有興趣的則專注力甚低

◎ 行為固執，較難適應改變

◎ 未能或不願意跟從成人的指示

◎ 較少模仿別人的動作和聲音

◎ 有時會自發説出沒有溝通意義的聲音

◎ 語言發展比同齡兒童慢

◎ 説話有鸚鵡學舌的情況

◎ 少與人有一來一往的溝通

◎ 較少表達需要，當事情未能如願時，情緒爆發較大及較難平復

◎ 語言功能狹窄，多只限於向人要求物件，也較少以婉轉或有禮貌的方式表達

　　孩子在學前階段，要是好好地利用自己的特長、配合父母的協助及合適的訓練，就能克服與人相處時面對的困難，打好日後發展的基礎。在學前階段，孩子最需要學習基本溝通技巧、解決問題技巧、增強處事的彈性、擴闊語言功能、加強合作性及服從指示的能力、提升創意及加強與人相處的主動性，目的是讓孩子適應羣體的社會及融入羣體中。在訓練的過程中，最重要的是讓孩子感受到與人相處及溝通的樂趣。

　　其實，每個孩子都有自己的天賦和特長，家長在孩子學前階段的角色特別重要。家長對孩子的付出，大大影響了孩子的未來。我希望這一章的訓練活動及親子故事，能讓家長掌握協助孩子的技巧，並讓家長及孩子都能享受美好的親子時光。

訓練活動1：消失了的玩具

此活動適用於有以下情況的孩子：
◎ 對別人的活動及行為缺乏興趣
◎ 對別人的活動只有短暫的注意
◎ 未能找出在眼前收起來的物件

你需要：
◇ 一條毛巾或一個枕頭
◇ 一件孩子喜歡的玩具

→ 活動目標

學習互聯注意、視覺追蹤及物件恆存概念。

玩法

1. 家長找一個安靜的地方，例如房間一角。

2. 家長與孩子面對面坐着。

3. 家長展示玩具，然後在孩子面前玩玩具並加以説話旁白，引起孩子的注意。例如跟孩子説：「媽媽有火車呀！嗚嗚⋯⋯」

4. 家長讓玩具在孩子面前消失，例如把玩具車駛至毛巾或枕頭下。

5. 家長可以引導孩子找出「消失了的玩具」。

6. 當孩子望向或找出「消失了的玩具」後，家長可回應：「做得好好！有望向/找到（火車）！」

7. 家長讓孩子玩玩具。

　　「互聯注意」即二人共同注意一件事物，是社交發展的基礎。孩子早在半歲以前，已能留意成人注意的事情。透過互聯注意，二人可以傳遞信息，分享事物並作情感的交流。當孩子未能有「互聯注意」時，便難以理解成人說話的意思，以及所表達的情感。同時，成人也難以從與孩子的交往中獲得認同感，造成雙方交流資訊及情感的困難。

　　「視覺追蹤」即看着移動中的物件，這也是社交發展的基礎。當孩子追視移動中的物件，再聯繫說話的內容，才可明白人與人之間多變的信息。

　　「物件恆存概念」即是明白物件就算在眼前消失了，但其實它仍是存在的。這是一個重要的認知概念，是孩子進一步認識世界的基礎。

☑ 家長評分

如孩子同時有以下各項表現，顯示孩子已大致掌握活動目標：

◎ 能注意家長的動作

◎ 表現了找出玩具的動機

◎ 能在約70%時間裏（如十次裏的七次）找出「消失了的玩具」

進階指引 （家長可以由第一步開始，逐步加深活動的難度）

第一步：家長加快玩具移動的速度。

第二步：家長稍為增加與孩子之間的距離。

第三步：在日常生活中，多引導孩子一起留意距離較遠的事物，例如天上的飛機、對面馬路的景物。

其　他：進行訓練活動2「眼睛做運動」。

提示指引 （家長由第一步開始協助孩子，直至孩子能完成活動）

第一步：給予協助

◎ 家長把玩具移至孩子的眼前，吸引孩子的注意。

◎ 家長以誇張的聲調及語氣，吸引孩子的注意。

◎ 家長有需要時可輕捉孩子的手，與他共同玩玩具，吸引孩子的注意。

第二步：調適難度（如第一步不成功，才進行此步驟）

◎ 家長縮短展示玩具與收起玩具的距離。

變一變

方法一：家長可一邊唱兒歌，一邊玩玩具，引導孩子多模仿成人發出的聲音。例如玩巴士時，可唱《小司機》。

方法二：家長可把玩具移至一個孩子未能觸及但看到的地方，例如電視機櫃頂，讓孩子以任何方式請求家長協助取回玩具。

訓練活動2：眼睛做運動

此活動適用於有以下情況的孩子：
◎ 對別人的活動及行為缺乏興趣
◎ 對別人的活動只有短暫的注意
◎ 與人溝通時欠缺眼神接觸
◎ 已完成訓練活動1「消失了的玩具」

你需要：
◇ 輕鬆的音樂

→ 活動目標

學習跟從別人的眼神，提升與人眼神接觸的能力。

玩法

1. 家長找一個安靜的地方，例如房間一角，與孩子面對面坐着。

2. 家長播放輕鬆的音樂。

3. 家長説：「現在，我們要跟眼睛做運動。你要看着爸爸／媽媽的眼睛。當爸爸／媽媽望向那裏，你就跟着望向那裏。」

4. 家長可望向房間中不同的物件及位置，讓孩子跟着做。

5. 當孩子跟從家長的眼神時，家長可回應：「做得好好呀！有望向爸爸／媽媽的眼睛。」

💬 言語治療師的話

　　日常溝通時，口語只能傳遞約30%的信息，非口語溝通則傳遞了70%的信息。「眼神交流」是非口語溝通的一種方式。很多時候，即使是同一句話，如果配合不同的身體語言和語氣，意思會有很大的差別。倘若孩子與人溝通時缺乏眼神接觸，會影響他理解別人的意思。孩子需要先學習留意別人眼神的方向，才可解讀「眼睛的說話」。

☑ 家長評分

如孩子同時有以下各項表現，顯示孩子已大致掌握活動目標：

◎ 有留意家長的眼神移動

◎ 能在約70%時間裏跟隨家長的眼睛做運動

〽 進階指引 （家長可以由第一步開始，逐步加深活動的難度）

第一步：家長加快眼神移動的速度。

第二步：家長以問題形式引導孩子說出別人眼神的方向，例如向孩子提問：「爸爸／媽媽正在看什麼？」

第三步：在日常生活中，多引導孩子注意別人眼神的方向，例如向孩子提問：「爸爸／媽媽看到了一些很好吃的食物。你看看是什麼？」然後，家長看着該物件，引導孩子同時看着該物件。

其　他：進行訓練活動3「眼神猜一猜」。

給予協助：

◎ 家長以手勢配合眼神，例如家長指向眼神的方向，並說：「我們一起看這裏！」

◎ 家長以誇張的聲調及語氣，吸引孩子的注意。

◎ 家長可指向自己的眼睛，吸引孩子的注意。

◎ 家長做出眼神的同時，誇張地配合頭部的移動。

其他：

◎ 多進行訓練活動1「消失了的玩具」，提升互聯注意及視覺追蹤技巧。

變一變

方法一： 家長可把此活動加入日常活動中。例如孩子平日到公園玩，家長把此活動當作到公園玩樂前的熱身運動。

方法二： 家長可做出不同的面部表情讓孩子模仿，引導孩子留意別人面部表情的變化。

訓練活動3：眼神猜一猜

此活動適用於有以下情況的孩子：
◎ 對別人的活動只有短暫的注意
◎ 與人缺乏眼神接觸
◎ 未能理解別人眼神的意思
◎ 已完成訓練活動2「眼睛做運動」

你需要：
◇ 三件孩子感興趣的物件

→ 活動目標

學習理解眼神的意思。

玩法

1. 家長找一個安靜的地方，例如房間一角，與孩子面對面坐着。

2. 家長把三件孩子感興趣的物件放在桌子的三個不同位置，例如桌子的左方、中間及右方。

3. 家長說：「桌上有一些玩具。你看我想拿哪一件玩具？」

4. 家長注視着其中一件玩具。

5. 孩子找出玩具，並與家長一起玩。

6. 當孩子拿到正確的玩具後，家長可回應：「你拿到了爸爸 / 媽媽想要的玩具。原來，我們看着的東西，代表我們正想着它或對它感興趣。」

☑ 家長評分

如孩子同時有以下各項表現，顯示孩子已大致掌握活動目標：

◎ 有留意家長的眼神

◎ 能跟從家長視線移動的方向

◎ 能在約70%時間裏拿到正確的玩具

⤴ 進階指引 （家長可以由第一步開始，逐步加深活動的難度）

第一步：家長加快眼神移動的速度。

第二步：家長加入更多的玩具進行遊戲。

第三步：在日常生活中，家長多引導孩子注意別人的眼神及正在注意的事情。例如家長與孩子經過麵包店時，家長看着雪櫃內的其中一款蛋糕説：「你猜一猜爸爸／媽媽想吃什麼？」引導孩子看着該物件或説出物件的名稱。

👍 **提示指引**　（家長由第一步開始協助孩子，直至孩子能完成活動）

第一步：給予協助

◎ 家長可指向自己的眼睛，吸引孩子的注意。

◎ 家長以誇張的手勢配合眼神，引導孩子注意家長的視線。例如家長指向正注視的方向，並說：「我正在看這件玩具呀！」

◎ 家長注視某一物件，同時誇張地移動頭部並配合手勢，讓孩子更明白家長眼神的方向。

第二步：調適難度（如第一步不成功，才進行此步驟）

◎ 家長減少玩具的數量。

◎ 家長增加玩具之間的距離。

其他：

◎ 多進行訓練活動2「眼睛做運動」，鞏固跟從別人視線的技巧。

⭐ **變一變**

方法一：家長與孩子對換角色，由孩子主持遊戲，家長猜出孩子眼神的意思。

方法二：吃飯時，家長與孩子玩「猜一猜遊戲」。家長望向自己喜歡的菜式，以眼神表示意思，向孩子提問：「你猜爸爸 / 媽媽想吃什麼？」

訓練活動4：拯救小動物

此活動適用於有以下情況的孩子：
◎ 對別人的活動只有短暫的注意
◎ 與人缺乏眼神接觸
◎ 未能理解別人身體語言的意思

你需要：
◇ 兩至三隻動物布偶或動物
　遊戲卡（共6張，見教材頁）

→ 活動目標

學習理解基本動作的意思。

玩法

1. 家長找一個安靜的地方，並跟孩子説要與他玩一個遊戲。

2. 家長把兩至三隻動物布偶放在房間三個不同的位置。家長也可使用
　本書教材頁內的動物遊戲卡。

貓　　　　　白兔　　　　　雞

豬　　　　　綿羊　　　　　牛

3. 家長説：「有大事發生了，有些動物的家因落大雨水浸。你可以去
　拯救牠們嗎？」

4. 家長再說：「我會用動作告訴你要拯救哪一隻動物。」接著，家長指向其中一隻動物，例如綿羊。

5. 當孩子救出動物時，家長說：「你做得很好，有留意我的動作，知道要救綿羊啦！」

💬 言語治療師的話

　　除了眼神外，動作和手勢也是很重要的身體語言。患有自閉症譜系障礙的孩子大多只從別人的話語中理解字面的意思，較少綜合非口語信息。從小培養這些孩子理解別人的身體語言，就能提升他們理解話語中真正意思的能力。

☑ 家長評分

如孩子同時有以下各項表現，顯示孩子已大致掌握活動目標：

◎ 有留意家長的動作

◎ 能在約70%時間裏救出正確的動物

📈 進階指引 （家長可以由第一步開始，逐步加深活動的難度）

第一步：家長加快做出手勢的速度。

第二步：家長加入更多的動物於活動中。

第三步：在日常生活中，家長多引導孩子注意別人動作的意思。例如 與孩子一起乘搭港鐵時，看見月台助理做出「停止」的手勢，家長可以問孩子：「剛才月台助理做了什麼動作，代表了什麼意思？」

其　他：進行訓練活動5「我是小農夫」。

👍 提示指引　（家長由第一步開始協助孩子，直至孩子能完成活動）

第一步：給予協助
◎ 家長誇張地做出動作，並説：「我正在指這隻動物呀！」以説話協助孩子理解動作。
◎ 家長提示孩子留意動作，例如跟孩子説：「你要看着我的手呀！」

第二步：調適難度（如第一步不成功，才進行此步驟）
◎ 家長減少動物的數量。
◎ 家長增加動物之間的距離。

★ 變一變

方法一：家長與孩子對換角色，由孩子負責以動作表示，家長猜出孩子的意思。

方法二：吃飯時，家長與孩子玩「猜一猜遊戲」。家長指向自己喜歡的菜式，以手勢表示意思，向孩子提問：「你猜一猜爸爸/媽媽想吃什麼？」

訓練活動5：我是小農夫

此活動適用於有以下情況的孩子：
◎ 對別人的活動只有短暫的注意
◎ 與人缺乏眼神接觸
◎ 較少留意別人的身體語言
◎ 已完成訓練活動3「眼神猜一猜」
　 及訓練活動4「拯救小動物」

你需要：
◇ 水果遊戲卡
　（共5張，見教材頁）

→ 活動目標

學習理解身體語言及眼神的意思。

玩法

1. 家長找一個安靜的地方，並跟孩子說要與他玩一個遊戲。

2. 孩子扮演農夫，需要採摘或收割熟透的水果。

3. 家長把水果遊戲卡放在房間中不同的位置。

蘋果　　　　橙　　　　梨子　　　　葡萄　　　　香蕉

4. 家長交替地以眼神及身體語言，例如看着或指向合適的水果，示意孩子需要採摘或收割的水果。

5. 當孩子採摘或收割正確的水果後，家長可回應：「你做得好好！有留意我的眼神和動作，明白我的意思。」

💬 言語治療師的話

　　訓練活動3及4分別與孩子練習了理解別人的眼神和動作的意思。此訓練活動協助孩子靈活運用在該兩個訓練活動中所學習到的技巧，以更有效地理解別人的非口語信息。

☑ 家長評分

如孩子同時有以下各項表現，顯示孩子已大致掌握活動目標：
◎ 有跟從家長的視線
◎ 有留意家長的動作
◎ 能在約70%時間裏採摘或收割正確的水果

⚡ 進階指引 **（家長可以由第一步開始，逐步加深活動的難度）**

第一步：家長加快眼神或動作移動的速度。

第二步：家長加入更多數量的水果於孩子面前。

第三步：在日常生活中，家長可與孩子玩「猜謎語」遊戲。家長做出動作或運用任何身體語言描述物件，由孩子猜出物件。

提示指引（家長由第一步開始協助孩子，直至孩子能完成活動）

第一步：給予協助

◎ 家長誇張地以眼神或做動作示意。

◎ 家長以説話提示孩子留意眼神或動作，例如跟孩子説：「我看着／指着這一個水果呀！」「你要看着我的眼睛／手呀！」

第二步：調適難度（如第一步不成功，才進行此步驟）

◎ 家長減少水果的數量。

◎ 家長增加水果之間的距離。

其他：

◎ 如孩子對眼神的理解較弱，可多進行訓練活動2「眼睛做運動」及訓練活動3「眼神猜一猜」；如孩子對動作的理解較弱，可多進行訓練活動4「拯救小動物」。

變一變

方法一：家長與孩子對換角色，由孩子負責以動作或眼神給予指示，家長負責扮演農夫。

方法二：吃飯時，家長與孩子玩「猜一猜遊戲」，家長看着或指向自己喜歡的菜式，以眼神或手勢表示意思，向孩子提問：「你猜爸爸／媽媽想吃什麼？」

訓練活動6：收集樹葉

此活動適用於有以下情況的孩子：
◎ 較少表達感受
◎ 較難理解別人的感受
◎ 較少留意別人的表情動作
◎ 已完成訓練活動1至5

你需要：
◇ 表情樹葉遊戲卡
　（共16張，見教材頁）

→ 活動目標

學習理解基本的感受詞語（開心、傷心／不開心、生氣、害怕）。

玩法

1. 家長找一個安靜的地方，並跟孩子說要與他玩收集樹葉的遊戲。

2. 家長向孩子展示表情樹葉遊戲卡，並逐一介紹樹葉上面譜的表情。家長可引導孩子留意不同表情的細節。

開心：　　　　傷心/不開心：　　生氣：　　　　害怕：
嘴角向上　　　嘴角向下　　　　眉毛向上　　　嘴巴張開

3. 家長把樹葉隨意地放在房間四周。

4. 遊戲開始時，家長請孩子儘快找出某表情的樹葉。如有需要，家長可為孩子計時以增加刺激感。

5. 當孩子找到正確的表情樹葉後，家長可回應：「做得好好呀！找到了（開心）」。家長也可再次說出該感受詞語的表情特徵，加強孩子對該感受詞語的理解。

💬 言語治療師的話

　　當孩子完成訓練活動1至5後，就能注意別人的眼神及身體語言，也明白別人的眼神及身體語言會傳遞意思。然而，孩子仍需要學習細緻地區別及理解每一個眼神或身體語言，以及留意不同的表情變化。此遊戲就是訓練活動1至5的延續。另外，孩子需要先學習分辨及理解基本的感受詞語，才能明白在不同情景下可能出現的感受，也為表達自己的感受奠下了基礎。

☑ 家長評分

如孩子同時有以下各項表現，顯示孩子已大致掌握活動目標：

◎ 能在約70%時間裏找到正確的表情樹葉

♪ 進階指引 （家長可以由第一步開始，逐步加深活動的難度）

第一步：家長可以預備多張小紙條，再請孩子把以上四個表情分別畫在數張紙上，然後依以上方法與孩子進行遊戲，以鞏固孩子的社交技巧。

第二步：家長可自行創作與以上感受詞語有關的情景。孩子按家長說出的情景，找出合適的表情樹葉表達可能出現的感受。

第三步：家長把表情樹葉放在一個袋子內，由孩子抽出樹葉，家長請孩子說出與該感受有關的情景。

👍 **提示指引** （家長由第一步開始協助孩子，直至孩子能完成活動）

第一步：給予協助
◎ 家長請孩子先留意各感受的表情特徵，例如開心的嘴角是向上，然後與孩子一起找出合適的表情樹葉。

第二步：調適難度（如第一步不成功，才進行此步驟）
◎ 家長只選出兩種不同的感受作練習，以減少表情樹葉的數量。
◎ 家長指向合適的表情樹葉作提示。

✨ **變一變**

方法一：每天放學後，家長請孩子選出一片能代表該天感受的表情樹葉，並解釋為何會選這一片樹葉。

方法二：家長把握日常的機會，引導孩子留意別人的表情，從而推斷別人的感受。例如孩子請另一位小朋友吃糖，小朋友露出笑容並說「謝謝」。家長可問孩子這小朋友有什麼感受。

訓練活動7：有禮商店

此活動適用於有以下情況的孩子：　你需要：
◎ 較少有禮貌地表達意思　◇ 煮飯仔玩具
◎ 想像力較弱
◎ 需要學習角色扮演的技巧

→ 活動目標

學習運用基本禮貌語句及角色扮演的技巧。

玩 法

1. 家長以煮飯仔玩具作教材，並按孩子的興趣稍為布置場景。

2. 家長跟孩子説：「這是一家售賣食物的商店。」

3. 家長與孩子進行角色扮演，輪流扮演店員及顧客。

4. 過程中，家長鼓勵孩子以有禮貌的話語表達意思，例如跟店員説：「唔該，我想要一份三文治。」或跟顧客説：「多謝你！請你下次再來！」

5. 完成後，家長可與孩子一起檢討玩遊戲時有否運用禮貌語句，並作出適當的回應，例如家長可回應：「你很有禮貌！剛剛買三文治的時候有説『謝謝』。」

💬 言語治療師的話

　　角色扮演能讓孩子進入另一個世界。過程中，孩子發展了想像力，同時學習語言，是一個重要的學習機會。另外，孩子在角色扮演中與其他人進行互動，從中可以發展社交技巧。然而，患有自閉症譜系障礙的孩子多缺乏想像力及較難代入別人的角色，因此在角色扮演中會出現困難。

　　運用禮貌語句是社交中重要的一環，也是語言及社交技巧逐漸成熟的象徵。患有自閉症譜系障礙的孩子往往較自我，較少思考別人的感受，也傾向直接地表達自己的需要，因而較少運用禮貌語句，影響了別人對他們的觀感。因此，學習禮貌語句是他們重要的學習課題。

☑ 家長評分

如孩子同時有以下各項表現，顯示孩子已大致掌握活動目標：

◎ 明白自己的角色，例如做該角色應該做的事情

◎ 懂得與家長對話

◎ 懂得在70%時間裏恰當地運用禮貌語句

🔼 進階指引 （家長可以由第一步開始，逐步加深活動的難度）

第一步：家長故意為難孩子，讓孩子在困難中仍學習保持禮貌。例如家長故意說：「為什麼你做得這麼慢？我已等了很久，快要餓死了！」

第二步：家長運用訓練活動6中的表情樹葉，與孩子討論在角色扮演中不同情景下的感受。例如有客人讚賞食物時，我們會感到開心；有客人投訴時，我們會感到傷心或害怕等。

👍 提示指引 （家長由第一步開始協助孩子，直至孩子能完成活動）

第一步：給予協助

◎ 家長可把角色扮演分成不同小段，讓孩子先熟悉在某一小段中，需要説出的恰當對白。

◎ 家長把禮貌語句寫在小紙條上，並在適當時間指示給孩子看，讓孩子運用該禮貌語句。

第二步：調適難度（如第一步不成功，才進行此步驟）

◎ 孩子固定扮演某一角色，例如持續地扮演顧客。待孩子熟悉後，才轉換角色。

◎ 家長與孩子先專注於某些語句，例如「唔該」。家長不斷地圍繞有關情景進行角色扮演，讓孩子先熟習某些語句後才轉換至另一句。

⭐ 變一變

方法一：家長可以把禮貌語句寫下，並貼在家中四周。家長在日常生活中多引導孩子運用禮貌語句，例如家長幫忙孩子後，請孩子運用禮貌語句表示感謝。

方法二：家長與孩子玩以上的遊戲時，可以加入解難挑戰，例如家長假裝忘記帶錢，問孩子該怎麼辦。

訓練活動8：尋找食物

此活動適用於有以下情況的孩子：
◎ 較少發問
◎ 較少主動表達意思
◎ 較少解決問題

你需要：
◇ 煮飯仔玩具

→ 活動目標

學習發問簡單問題，例如「什麼？」及「哪裏？」的問題。

玩法

1. 家長把玩具食物藏在房內不同的位置，不要讓孩子看見。

2. 家長告訴孩子要跟他玩煮飯仔遊戲，並拿出玩具，例如鑊及爐頭。

3. 家長說：「不好了！我忘記了把食物拿出來，你可以替我拿嗎？」

4. 孩子回應或表示贊成。

5. 家長問孩子：「你知道要拿什麼食物嗎？」

6. 如果孩子回應：「不知道」或表現疑惑，家長可引導孩子發問：「我要拿 什麼呀？」（學習發問「什麼？」的問題）。在引導的過程中，家長可請另一人作示範發問。

7. 家長告知孩子需要找尋的食物，例如說：「你知道雞蛋在哪裏嗎？」

8. 家長引導孩子問：「雞蛋在哪裏呀？」（學習發問「哪裏？」的問題）。在引導的過程中，家長可請另一人作示範發問。

9. 家長説出該食物的正確位置。

10. 當孩子找出了全部食物後，家長跟孩子玩煮飯仔遊戲。

💬 言語治療師的話

　　一般孩子在三歲以後，發問的次數及問題的種類會明顯增加。孩子透過發問獲取資訊，從而認識環境及解決困難。然而，自閉症譜系障礙的孩子往往欠缺發問的技巧，因而影響與人交往的主動性，減少對身邊事物的認識及解決困難的機會。

　　此活動規範了遊戲的步驟，因此較有重複性及容易預計對話內容。當患有自閉症譜系障礙的孩子能預計活動的下一步時，便更容易學習有關的說話技巧。加上，此活動針對學習發問具體及與即時情景相關的問題，例如「什麼？」及「哪裏？」的問題，這比起發問抽象問題，例如「如何？」及「為什麼？」容易回答，令他們較易獲得成功。

☑ 家長評分

如孩子同時有以下各項表現，顯示孩子已大致掌握活動目標：

◎ 有嘗試找出食物

◎ 懂得發問

第一步：邀請多一人參與遊戲。家長可以把玩具交在不同人手上。孩子除了發問「什麼？」及「哪裏？」的問題外，還可以發問「誰？」的問題，例如向孩子提問：「誰有雞蛋呀？」

第二步：家長與孩子互相轉換角色，讓孩子交替地運用發問和回答問題技巧。

提示指引 （家長由第一步開始協助孩子，直至孩子能完成活動）

第一步：給予協助

◎ 家長把問題寫在小紙條上，並在適當時間指出予孩子作提示，讓孩子運用該問題。

◎ 家長示範發問，孩子跟着説出問題。

第二步：調適難度（如第一步不成功，才進行此步驟）

◎ 家長先與孩子練習某一類問題，例如：「什麼？」待孩子熟習後，家長再與孩子練習另一類問題，例如：「哪裏？」

變一變

方法一：家長可以轉換活動題材，例如改成停車場遊戲。家長收起玩具車，讓孩子找出玩具車放進停車場。

方法二：家長與孩子玩以上的遊戲時，可加入解難挑戰。例如家長與孩子假想雞蛋變壞了，並一起討論解決的方法。

訓練活動9：盲俠過四關

此活動適用於有以下情況的孩子：

◎ 較少發問

◎ 較少主動尋求幫忙

◎ 較少解決問題

◎ 已完成訓練活動8「尋找食物」

你需要：

◇ 一個眼罩（如沒有眼罩，可用口罩代替）

◇ 四件玩具

◇ 一個袋子

→ 活動目標

學習尋求幫忙。

玩法

1. 家長把玩具藏在房內不同的地方，然後跟孩子說：「我們一起玩尋寶遊戲。你要找出四件寶物，包括小熊公仔、玩具車、沙灘鏟子及小皮球」。

2. 家長向孩子解釋遊戲規則，說：「你要先戴上眼罩尋找寶物。當你找到寶物後，你不可以觸碰寶物，但要替我把它運送入袋子裏。」

3. 當孩子在房內「找到」寶物後，如孩子嘗試觸碰寶物，家長可以說：「記着！你不可以觸碰寶物。」

4. 此時，孩子或會感到困惑，或不知如何可以運送寶物。家長可以說：「不如你找人幫忙。」

5. 家長引導孩子發問：「可不可以替我把寶物放入袋子內？」（如有需要，家長可示範發問）。

6. 當孩子找到了四件寶物後，家長可回應：「你能靈活地解決問題，懂得找別人幫忙，做得好！」

💬 言語治療師的話

　　每個人的能力有限，需要得到別人的幫忙才可以更有效地完成能力以外的事。一般孩子除了透過發問獲取資訊外，更會以發問來尋求別人的幫忙，藉此解決困難。然而，自閉症譜系障礙的孩子由於執着於要自己完成任務的信念，或因為欠缺發問技巧，所以較少尋求協助。有時候，他們會因為無法解決問題而顯得焦躁不安，更會對環境的轉變欠缺安全感。

　　以上活動讓自閉症譜系障礙的孩子有機會在輕鬆的環境下學習尋求協助，藉此體驗別人的幫忙對自己的重要性，並享受完成任務的滿足感。

☑ 家長評分

如孩子同時有以下各項表現，顯示孩子已大致掌握活動目標：

◎ 嘗試找別人幫忙

◎ 懂得以發問尋求協助

進階指引 （家長可以由第一步開始，逐步加深活動的難度）

第一步：家長可以邀請多一人參與遊戲。當孩子尋求家長的幫忙時，家長故作未能提供協助，引導孩子嘗試找該位新參與者協助。

第二步：家長與孩子討論有哪些情景需要尋求別人的幫助。

提示指引 （家長由第一步開始協助孩子，直至孩子能完成活動）

第一步：給予協助

◎ 家長提示孩子：「爸爸／媽媽可以幫你，不如你問一問我可不可以幫你？」

第二步：調適難度（如第一步不成功，才進行此步驟）

◎ 家長邀請多一人參與遊戲，並讓該位新參與者跟孩子組成一組。新參與者負責發問，孩子從中學習。

變一變

家長在日常生活中多製造難題，例如把物件放在高處或刻意把飲品的蓋子旋緊，引導孩子在日常生活中以發問尋求協助。

訓練活動 10：限時任務

此活動適用於有以下情況的孩子：
◎ 專注力較弱
◎ 對較長的指令欠缺理解
◎ 較少跟從別人的指示

你需要：
◇ 一個計時器或鬧鐘

→ 活動目標

學習跟從指示。

玩法

1. 家長跟孩子說：「我跟你玩一個遊戲。我會說出指示然後計時，你要在限時內完成任務。」

2. 家長按孩子的理解能力說出指示，如孩子的理解能力較弱，家長可以說簡單的指示，例如說：「摸摸頭」如孩子的理解能力較佳，家長可說較複雜的指示，例如說：「去房裏面拿出兩對襪子再放在桌子上。」過程中，家長盡可能不要重複指示、強調重要字眼或以手勢等作出任何提示。

3. 如孩子未能明白家長的指示，家長才重複指示、強調重要字眼、減慢說出指示的速度或以手勢作出提示。

4. 孩子需要在限時內完成指示。

5. 可邀請多一人參與遊戲，並以比賽方式進行，加強遊戲的刺激感。

💬 言語治療師的話

　　孩子的理解能力需要從小培養，以利於與人的交往及在課堂中的表現。然而，患有自閉症譜系障礙的孩子，他們的語言理解能力可能較弱，而且往往較自我，容易沉醉在自己的世界中，因而對別人的指示欠缺理解或執行的動機。加上，在理解別人說話的過程中，他們可能較執着於某項資料中，對整句話欠缺完整的分析，因此無法有效地理解所聽到的內容。患有自閉症譜系障礙的孩子，

　　一般人與別人溝通時，會視乎對方的表現作出調節。因此，當家長面對未能理解自己指示的孩子時，往往立即給予協助，甚或慣常地減慢速度或重複指示，因而可能會高估了孩子的理解能力。雖然家長的協助能令彼此的溝通顯得更容易，但孩子可能過分地依賴這些協助方式，聽覺理解便未能有效地強化起來。故此，家長在進行以上活動時不妨先停止給予孩子任何協助及提示，讓孩子練習單純地理解語言。當孩子表現出不理解時，家長才給予協助。這樣，孩子的聽覺理解才得以鍛煉起來。

☑ 家長評分

如孩子同時有以下各項表現，顯示孩子已大致掌握活動目標：

◎ 當家長說出指示時，孩子表現專注或願意聆聽

◎ 孩子有執行指示

◎ 孩子能準確地執行70%的指示

（家長可以由第一步開始，逐步加深活動的難度）

第一步：家長提高指示的複雜程度，例如加長指示或加入更多細節於指示中。

第二步：在說出指示的過程中，家長加入少量開場白。例如跟孩子說：「嘩！這房間真是混亂，請你幫忙收拾一下。去房裏面拿出兩對襪子再放在桌子上！」從而混淆沒有用途的資料及有用的資料，讓孩子學習過濾資訊。

提示指引 （家長由第一步開始協助孩子，直至孩子能完成活動）

第一步：給予協助

◎ 家長強調指示中的重要字眼。

◎ 家長指向相關的物件。

◎ 家長示範一次指示的內容，孩子跟着家長做。

第二步：調適難度（如第一步不成功，才進行此步驟）

◎ 移走過多的雜物，或把相關的物件放於孩子前，協助孩子容易理解。

◎ 簡化指示。

變一變

家長與孩子對換角色，由孩子學習說出指示及留意別人是否明白他的指示。

親子故事1

此故事適用於有以下情況的孩子：
◎ 已完成本章的訓練活動1至7
◎ 能安坐5至10分鐘
◎ 能進行基本的對答

學習目標：
＊ 能恰當地打招呼或與人告別
＊ 理解別人的眼神及動作
＊ 明白導致別人感受的原因

家長以口語説出以下故事，並以問題引導孩子思考故事的細節。

小兔上學去

今天，兔媽媽牽着小兔的手走到學校。兔媽媽把小兔送入校門，說：「再見了，媽媽下午來接你放學。」小兔想起課室內的玩具車，頭也不回地走入校門。 （第一段）

小兔看見了老師。老師指向一張小椅子說：「早晨！小兔，請你坐在那裏換鞋。」小兔看着自己的白鞋，依舊走到平日的小沙發上，準備換鞋。老師立即阻止小兔坐下，並說：「你聽不到我的話嗎？我說你要坐在那裏！這張小沙發給同學弄污了。」 （第二段）

小兔不明白，為什麼老師生氣，也不明白為什麼老師說早已告訴他不要坐在原來的沙發上。 （第三段）

問題1 兔媽媽帶小兔回校準備離去時，兔媽媽期望小兔會跟自己說什麼？為什麼？(第一段)

參考答案：再見。因為說再見是一種禮貌，會讓別人感到舒服。

提示指引：「平常你與人告別時，你會說什麼？」

家長回應：「對人有禮貌會令別人感到舒服。」藉此讓孩子了解禮貌的重要性。

問題2 為什麼老師請小兔坐在與平日不同的地方換鞋？(第二段)

參考答案：因為老師知道原來的沙發有點骯髒，不希望小兔坐下來。

提示指引：「當時的沙發是怎樣的？」

家長回應：「別人說的話或指示通常都有原因。」藉此讓孩子明白說話背後是有目的。

問題3 老師有沒有清楚地指出小兔今天要坐在小椅子上？(第二段)

參考答案：有。老師已用手勢指向小椅子。

提示指引：「當老師說話時，他做了什麼？」

家長回應：「我們多留意別人的眼神及動作，就可以更明白別人的真正意思。」

問題4　為什麼老師會生氣？(第三段)

參考答案：當我們未能完成別人希望我們完成的事時，別人就可能會生氣。

提示指引：「老師認為，小兔有沒有聽指示？」「為什麼老師認為小兔沒有聽指示？」

家長回應：「當我們未能完成別人希望我們完成的事，別人就可能會生氣。」藉此加強孩子理解別人期望與感受的關係。

問題5　當你與別人説話時，你怎樣做才可以明白別人的意思？
(第三段)

參考答案：我可以聽別人説話，並留意別人的眼神及動作。

提示指引：「聽別人説話時，眼睛要做什麼？」

家長回應：「我們要留意別人的眼神及身體語言，就可以更明白別人的意思。」

- -

☑ 家長評分

請家長在以下 □ 內加 ✓：

□ 孩子能回答 4 至 5 題

□ 孩子能回答 2 至 3 題

□ 孩子能回答 0 至 1 題

根據評分，家長可按P.15的建議採取下一步行動。

◎ 家長可在日常生活中提示孩子留意自己的行為。孩子可以預備一本記事簿，每一周記錄自己該周的好行為。

親子故事2

此故事適用於有以下情況的孩子：　　學習目標：
◎ 已完成本章的訓練活動6　　　　　＊ 運用簡單的感受詞語
◎ 能安坐5至10分鐘　　　　　　　　＊ 明白導致別人感受的原因

家長以口語說出以下故事，並以問題引導孩子思考故事的細節。

小熊去沙灘

　　星期天，是小熊及熊爸爸的假期。熊爸爸答應在小熊完成功課後，會帶他到沙灘玩。小熊最喜歡到沙灘，因為他喜歡游泳。

（第一段）

　　星期六，小熊在家中努力地完成功課並預備了沙灘蓆、泳褲、沙灘球和桶子。小熊特地與爸爸到超級市場買食物及飲品，預備第二天與爸爸在沙灘享用。

（第二段）

　　星期天到了，小熊預備出發到沙灘，怎知道突然下起大雨來。雨越下越大，天文台還發出了黑色暴雨警告。熊爸爸只好取消到沙灘的計劃。小熊知道不能到沙灘玩，坐在地上大哭起來。

（第三段）

　　熊爸爸安慰小熊，並答應下星期天再帶小熊到沙灘玩。然後，熊爸爸到廚房拿出預備在沙灘享用的食物，並叫小熊鋪好沙灘蓆，與小熊一起在家中野餐。

（第四段）

問題1 熊爸爸答應帶小熊到沙灘玩。你猜猜小熊覺得怎樣？
（第一段）

參考答案：開心。因為小熊最喜歡到沙灘游泳。

提示指引：「如果你可以做喜歡的事，你覺得怎樣？」

家長回應：「當你做到想做的事，會覺得開心。」藉此讓孩子明白做到
了想做的事時會感到快樂。

問題2 為什麼小熊會努力地完成功課？（第二段）

參考答案：因為小熊想到沙灘玩，所以努力地完成功課。

提示指引：「熊爸爸答應了小熊什麼？」

家長回應：「我們的想法會影響我們做的事情」藉此強化孩子認識想法
影響行為的概念。

問題3 除了努力完成功課外，你如何知道小熊真的想到沙灘
玩？（第二段 / 第三段）

參考答案：因為小熊特地與爸爸到超級市場買食物及飲品，預備明天與
爸爸到沙灘享用。另外，小熊知道不能到沙灘，就大哭起
來。

提示指引：「小熊特地與爸爸一起做什麼？」「小熊知道不能到沙灘，
他怎樣了？」

家長回應：「原來我們留意別人的表情或者做的事，就知道別人的想
法。」藉此強化孩子認識想法影響行為的概念。

問題4　小熊知道爸爸取消了到沙灘的計劃，他覺得怎樣？
（第三段）

參考答案：他覺得不開心 / 傷心 / 失望。

提示指引：「如果你做不到自己喜歡的事情，你會覺得怎樣？」

家長回應：「原來我們做不到想做的事，就會覺得不開心或者失望。」
藉此強化孩子知道期望達不到時會感到不快樂或失望的概
念。

問題5　熊爸爸到廚房做什麼？為什麼他要這樣做？（第三段）

參考答案：熊爸爸到廚房，把預備到沙灘享用的食物拿出來，又叫小熊
鋪好沙灘蓆，與小熊一起在家中野餐。因為他想安慰小熊。

提示指引：「熊爸爸到廚房做什麼？」

家長回應：「生活中的確有很多事都未如理想，但只要想一想辦法，仍
是有很多可能性。」藉此鼓勵孩子多作正面的想法。

☑ **家長評分**

請家長在以下 □ 內加 ✓：

□ 孩子能回答 4 至 5 題

□ 孩子能回答 2 至 3 題

□ 孩子能回答 0 至 1 題

根據評分，家長可按P.15的建議採取下一步行動。

◎ 家長可在日常生活中提示孩子多留意別人的表情，從而多了解別人的感受。

◎ 在日常生活中，家長多些向孩子解釋各感受背後的原因。

親子故事3

此故事適用於有以下情況的孩子：
◎ 已完成本章的訓練活動6
◎ 能安坐5至10分鐘
◎ 能進行基本的對答

學習目標：
* 理解感受詞語（開心、不開心 / 傷心、生氣、害怕）
* 明白導致以上感受的原因

家長以口語說出以下故事，並以問題引導孩子思考故事的細節。

小象的一天

今天早上，象媽媽要到朋友家探望一位患病的朋友，晚上才能回來。出門前，象媽媽把錢交給小象，吩咐小象到菜市場買食物，讓象爸爸下班回家煮晚餐。　　　　　　　　　　　　　（第一段）

小象拿着媽媽給他的錢，心裏非常高興，因為他可以決定晚餐的菜式。他把錢放進錢包，再放進口袋內，高高興興地步行往菜市場。　　　　　　　　　　　　　　　　　　　　　（第二段）

因為今晚是除夕，所以菜市場內擠滿了前來買菜的人。小象好不容易才擠進了蔬菜檔，選購馬鈴薯製作咖喱馬鈴薯。買了馬鈴薯後，小象到水果店選好了一些蘋果。可是，當小象準備付款買蘋果時，他發現自己的錢包不見了。小象找遍了身上的每一個口袋，但也找不到錢包。他知道自己遺失了錢包，傷心得哭了起來。（第三段）

小象一邊哭，一邊走着。他感到很害怕，他怕媽媽會罵他不小心弄丟了錢包。這時，在附近巡邏的牛牛警長看見小象哭得很可憐，就問小象發生了什麼事。小象把事情告訴了牛牛警長。牛牛警長翻

59

看閉路電視，發現原來是狐狸偷了小象的錢包。　　　　　　　　（第四段）

　　　　牛牛警長到狐狸家拘捕了狐狸，並找回了小象的錢包。牛牛警長生氣地說：「狐狸，你已不是第一次偷東西了，你何時才會改過？」狐狸低下了頭默不作聲，而小象則連忙答謝牛牛警長，高高興興地回家去了。　　　　　　　　　　　　　　　　　　（第五段）

問題1　**為什麼象媽媽把錢交給小象？**（第一段）

參考答案：因為象媽媽想小象到菜市場買食物，讓象爸爸下班回家煮晚餐。

提示指引：「象媽媽想小象做什麼？」

家長回應：「原來，你有留意故事內容。」藉此教導孩子留心聆聽的重要性。

問題2　**小象拿着錢準備到菜市場時，他感到怎樣？為什麼？**
（第二段）

參考答案：小象感到很高興/開心，因為他可以決定晚餐的菜式。

提示指引：「當你可以自己決定一些自己想決定的事情時，你覺得怎樣？」

家長回應：「當我們做到想做的事情時，會感到高興/開心。」藉此教導孩子想法會導致不同的感受。

問題3 當小象發現自己遺失了錢包，他感到怎樣？（第三段）

參考答案：他感到不開心 / 傷心。

提示指引：「你試過遺失重要的東西嗎？你感到怎樣？」

家長回應：「我們遺失東西時，會感到不開心 / 傷心。」藉此教導孩子想法導致不同的感受。

問題4 當牛牛警長拘捕狐狸時，為什麼牛牛警長很生氣？（第五段）

參考答案：因為狐狸已有多次偷東西的紀錄了。

提示指引：「狐狸是第一次偷東西嗎？當你看見別人不停犯錯又不改過時，你覺得怎樣？」

家長回應：「沒錯，當你希望別人改過但他沒有改過時，你會生氣。」藉此教導孩子想法會導致不同的感受。

問題5 如果你是小象，你可以怎樣做避免遺失錢包？

參考答案：用手按着錢包 / 避免走到擠迫的地方 / 或任何合理答案。

提示指引：家長可以用孩子以往的經驗或日常生活經驗引導孩子回答。

家長回應：「對呀！你能想出解決的方法。」藉此教導孩子問題總有辦法解決。

☑ 家長評分

請家長在以下 □ 內加 ✓：

□ 孩子能回答 4 至 5 題

□ 孩子能回答 2 至 3 題

□ 孩子能回答 0 至 1 題

根據評分，家長可按P.15的建議採取下一步行動。

進階指引

◎ 家長可在日常生活中多些引導孩子運用不同的感受詞語表達意思。

親子故事4

此故事適用於有以下情況的孩子：
◎ 已完成本章的訓練活動7
◎ 能安坐5至10分鐘
◎ 能進行基本的對答

學習目標：
＊ 明白有禮貌的重要性
＊ 需要學習有禮貌地與人交往

家長以口語說出以下故事，並以問題引導孩子思考故事的細節。

阿花和黑仔

小貓阿花跟小狗黑仔是鄰居。阿花沒有朋友，向來都是獨來獨往的。相反，黑仔有很多朋友，常常都有朋友到黑仔的家探訪。

（第一段）

阿花每天早上都會出門，到菜市場上購買新鮮的魚兒吃。黑仔每天早上也會出門，到菜市場上購買新鮮的骨頭。每次當黑仔碰見阿花時，他都會與阿花打招呼，有時會說早晨，有時會微笑和點頭。可是，阿花從不會對黑仔有任何回應，更不會主動與黑仔打招呼。

（第二段）

今天，阿花因為要到菜市場辦理一些事情，所以提早了出門。在阿花出門後，黑仔嗅到了燒焦的氣味。然後，黑仔看見阿花的廚房裏火光熊熊。黑仔知道阿花的廚房起火了，立即致電通知消防員，然後找其他鄰居協助救火。不久，消防員來到了，很快便把大火撲熄。

（第三段）

阿花回來後，看到自己的廚房燒焦了，感到很傷心。後來，雖然她知道是黑仔幫助她，但她沒有向黑仔道謝。第二天早上，阿花

63

又再碰上黑仔，黑仔依然會向阿花打招呼，可是阿花始終沒有回應。黑仔的朋友認為阿花沒有禮貌，叫黑仔下次不要再幫助她。(第四段)

問題1 阿花與黑仔的家距離遠嗎？你如何知道答案？(第一段)

參考答案：不遠。因為故事中說他們是鄰居。

提示指引：「你記得故事中提及過他們是鄰居嗎？那麼他們的家距離遠嗎？」

家長回應：「原來，你有留意故事內容然後思考答案。」藉此教導孩子要留意故事內容並思考問題。

問題2 你認為阿花有禮貌嗎？為什麼？(第二段 / 第三段 / 第四段)

參考答案：沒有禮貌。每天早上，當黑仔碰見阿花時，他都與阿花打招呼，有時會說早晨，有時會微笑和點頭。可是，阿花從不會對黑仔有任何回應，更不會主動與黑仔打招呼。還有，黑仔發現阿花的廚房起火，黑仔幫忙找消防員，又找鄰居協助救火。可是，阿花對黑仔的幫忙沒有道謝。

提示指引：「阿花遇見黑仔時，她會怎樣？」「黑仔幫助阿花後，阿花的表現又是怎樣？」

家長回應：「原來與人打招呼和答謝別人的幫忙是有禮貌的表現。」藉此教導孩子何謂有禮貌的行為。

問題3 當黑仔與阿花打招呼時，阿花沒有回應。你猜黑仔有什麼感受？（第二段）

參考答案： 黑仔可能不太高興 / 很沒趣 / 感到不被尊重。

提示指引： 「如果你跟別人說話，別人沒有反應，你覺得怎樣？」

家長回應： 「對呀！我們與別人相處的行為會為別人帶來感受。」藉此讓孩子明白人與人之間會彼此影響。

問題4 如果你是阿花，當你知道黑仔幫了你，你會怎樣？（第三段）

參考答案： 我會向黑仔道謝 / 以後見面時會與黑仔打招呼 / 覺得不好意思，因為自己過去沒有禮貌 / 或任何合理答案。

提示指引： 「當你知道別人幫了你時，你要說什麼？」「當你知道自己一向做得不好，你會怎樣？」

家長回應： 「做得很好！你能知道因應情況而調節自己的行為。」藉此讓孩子知道檢討及調節行為的重要性。

問題5 你能猜出黑仔有朋友但阿花沒有朋友的原因嗎？（綜合全文）

參考答案： 因為黑仔有禮貌，而且會幫助人。相反，阿花沒有禮貌，對別人的幫忙沒有表示感謝。

提示指引： 家長協助孩子代入別人的角度中思考，例如問：「如果你是故事中的角色，你喜歡跟黑仔還是阿花做朋友？」

家長回應：孩子說出正確答案後，家長可以說：「有禮貌的人會令別人舒服，所以別人都喜歡與他交往。」藉此教導孩子有禮貌的重要性。

↗ 進階指引

◎ 家長可在日常生活中多些與孩子進行檢討，孩子是否有禮貌地與人交往。

親子故事5

此故事適用於有以下情況的孩子：

◎ 已完成本章的訓練活動8和9

◎ 能安坐5至10分鐘

◎ 能進行基本的對答

學習目標：

＊ 加強與人溝通的主動性

＊ 尋求別人幫忙

家長以口語說出以下故事，並以問題引導孩子思考故事的細節。

小豬的禮物

　　小豬跟小兔是好朋友。下星期是小兔的生日，小豬想為小兔預備一份特別的禮物。
（第一段）

　　最近，小豬跟小兔聊天時，知道小兔想要一個新背包，好讓平日上街時，把不同的物品放進去。然而，小兔找來找去，還是買不到合適的背包，不是價錢太貴，就是背包的款式不合心意。（第二段）

　　小豬想為小兔製作一個背包。可是，小豬從未試過製作背包。小豬看着買回來的布料，不知從哪裏開始。從早上到晚上，小豬看着布料發呆。到了晚上，小豬越來越累，而且還未開始製作背包，於是急得哭了起來。
（第三段）

　　豬媽媽看見小豬哭起來，就問小豬發生什麼事。小豬把事情告訴豬媽媽，豬媽媽答應在第二天早上教小豬製作背包。　（第四段）

　　第二天早上，豬媽媽細心地教導小豬製作背包的技巧。小豬終於完成送給小兔的背包，高興得跳了起來。豬媽媽說：「希望小兔會喜歡你的背包。」
（第五段）

問題1 為什麼小豬想為小兔預備一份禮物？（第一段）

參考答案：因為下星期是小兔的生日。

提示指引：「在故事內，下星期是什麼日子？」

家長回應：「朋友之間是希望對方開心。」藉此教導孩子知道如何對待朋友。

問題2 為什麼小豬要自己製作背包送給小兔？（第二段）

參考答案：因為小兔在街上買不到合適的背包，不是價錢太貴，就是背包的款式不合心意。

提示指引：「小豬認為街上的背包適合小兔嗎？」

家長回應：「我們親自為朋友製作禮物，是希望朋友感到合適和開心。」藉此教導孩子欣賞別人的心意。

問題3 為什麼小豬對着布料發呆？（第三段）

參考答案：因為小豬不懂得製作背包。

提示指引：「小豬懂得製作背包嗎？」

家長回應：「我們不懂得做一些事情的時候，可能會覺得不開心。」藉此讓孩子明白導致感受背後的原因。

問題4 為什麼最後小豬能製作背包？（第五段）

參考答案：因為豬媽媽細心地教導小豬製作背包的技巧。

提示指引：「有沒有人幫助小豬？是誰幫助小豬？」

家長回應：「原來別人的幫忙可以令我們完成困難的事，這是非常重要的！」藉此讓孩子明白尋求協助的重要性。

問題5 你試過找人幫忙嗎？那是什麼事情呢？

提示指引：家長以孩子以往的經驗引導他思考。

家長回應：「每個人都有需要幫助的時候。別人幫助你以後，下次你也可以幫助別人。」藉此教導孩子互相幫忙的重要性。

☑ 家長評分

請家長在以下 □ 內加 ✓：

□ 孩子能回答 4 至 5 題

□ 孩子能回答 2 至 3 題

□ 孩子能回答 0 至 1 題

根據評分，家長可按P.15的建議採取下一步行動。

⌐⌐ 進階指引

◎ 家長可在日常生活中多些為孩子製造難題，讓孩子有機會主動尋求幫忙。

Doris媽媽的分享：

適合語言能力較弱的孩子

　　本書的遊戲特別適合語言能力較弱的孩子，讓他們學習理解別人的動作和表情，例如訓練活動1「消失了的玩具」和訓練活動2「眼睛做運動」。本章中很多遊戲也適合訓練孩子的溝通技巧。

可融合在家長與孩子的日常玩樂中

　　本書的遊戲跟我們平日與孩子玩的遊戲相近，家長可以參考書中的內容，進一步變化遊戲，從而豐富日常的遊戲內容。

需加入其他元素引起孩子的遊戲動機

　　如孩子的專注力不足，家長需想法子引導孩子進行書中的遊戲，以吸引孩子的注意。家長可縮短遊戲時間，加入更多孩子有興趣的物件作教材，或以少量食物作獎勵等。

第二章

初小篇

第二章引言

一個關於「自閉症譜系障礙」兒童的故事

在學校的一天

自閉症譜系障礙兒童面對的困難（初小篇）

自閉症譜系障礙兒童在升讀小學前，通常已進行了不同種類的訓練，例如言語治療、職業治療、物理治療、社交訓練等。孩子的認知、語言、社交、大肌肉及小肌肉的發展相信已有一定的基礎和進步。然而，小學的社交環境和要求是複雜多變的，孩子仍需要一定的努力才可以適應小學生活。從臨牀經驗總結，以下是初小階段自閉症譜系障礙兒童在社交溝通方面的部分特點：

◎ 自我中心

◎ 抗拒別人加入其活動中

◎ 不喜歡參與羣體活動或未能與同學合作

◎ 不懂得安排自己的空餘時間

◎ 不懂得按問題的嚴重性或影響訂立優先處理次序

◎ 未能聽從老師的指示

◎ 當別人改變他的計劃時，他會感到不高興或情緒爆發

◎ 處事較極端，例如當孩子遇上喜歡的科目或老師時，他會投入學習那一個科目。相反，遇到不喜歡的科目或老師時，他會對學習該科目非常抗拒

◎ 執着自己的觀點，不明白別人行為背後的原因

◎ 對別人的感受及反應缺乏敏感

◎ 較少與人分享有趣的事物和經驗

◎ 與人相處時較被動，反應較慢

◎ 容易與人產生磨擦

　　雖然初小階段自閉症譜系障礙兒童有以上的困難，但只要得到老師、朋輩和家長的包容及支援，他們是可以慢慢地適應小學生活，發揮所長的。這些孩子需要明白在不同常規背後的意思，學習如何調節自己以適應這些規則，學習建立友誼並融入羣體生活中。我們一定要讓孩子明白自己是羣體中的一員，並了解自己的行為會影響別人。當孩子持續地得到良好的社交經驗，他們便能感受到與人相處及溝通的樂趣，從而更主動地與人交往及調節自己的行為。

　　倘若孩子在初小階段奠定了學習及與人相處的基礎，這對孩子的個人形象和成長都有良好及重大的影響。

訓練活動 1：形象捉一捉

此活動適用於有以下情況的孩子：
◎ 較自我，甚少理會別人的想法和感受
◎ 個人形象欠佳
◎ 未能分辨好行為和壞行為

⊕ 活動目標

學習分辨給人留下好印象及壞印象的特點。

玩法

1. 家長與孩子自訂一個動作，例如舉手、跳高或拍手。

2. 家長說出不同的行為，當中包括好行為和壞行為。例如：

   ◎ 專心上課
   ◎ 衣着整齊
   ◎ 說話有禮
   ◎ 幫助老師和同學
   ◎ 會打招呼
   ◎ 別人說話時插嘴
   ◎ 取笑別人
   ◎ 用手挖鼻

3. 當孩子聽到任何好行為時要立即做出指定動作。

4. 完成遊戲後，家長可以問孩子：「（某行為）令你感到舒服還是不舒服？」

5. 當孩子説出看法後，家長可以問：「為什麼這些行為令你感到舒服或不舒服？」

6. 家長與孩子進行討論，並作出總結：「好的外表、行為和説話會使人感到舒服，而且可以給人好印象。」

💬 言語治療師的話

　　一般人都會依據別人的期望調整自己的外表、說話和行為，使自己能融入羣體中。然而，自閉症譜系障礙的孩子因為缺乏理解別人的想法及感受的能力，他們只會依據自己的喜好及想法行事，因此也容易做出令人印象欠佳的行為。我曾接觸一名患有自閉症譜系障礙的大學生，每當需要等候時，便會在座位上「大字形」的坐下玩手提電話中的遊戲，更會不理會場合而大聲笑，引起途人的側目。因此，家長需要教導自閉症譜系障礙的孩子留意及調整自己的外表、說話和行為，學習建立良好的形象，使他們能順利地融入羣體。

　　在教導孩子何謂好印象時，必須引導他們從別人的角度思考。家長可以引導孩子以「令別人感到舒服和快樂」為原則，以分析某行為或特點予人的感覺。當孩子反覆地學習從別人的觀感出發，便會逐漸掌握給人留下好印象的特點。

☑ 家長評分

如孩子同時有以下各項表現，顯示孩子已大致掌握活動目標：

◎ 能按指示分辨出好印象和壞印象的特點

◎ 能代入別人的角度，說明給人留下好印象和壞印象的原因

┵ᓕ 進階指引 （家長可以由第一步開始，逐步加深活動的難度）

第一步：家長請孩子在限時內說出任何給人留下好印象和壞印象的特點。

第二步：孩子說出如何改善個別的行為，以達至給人留下好印象的目標。

其　他：進行訓練活動2「五點擴音機」。

👍 提示指引 （家長由第一步開始協助孩子，直至孩子能完成活動）

第一步：給予協助

◎ 家長協助孩子代入情景中思考感受，例如向孩子提問：「你喜歡別人在你說話時插嘴嗎？」

◎ 家長協助孩子套用日常生活經驗進行分析，例如向孩子提問：「上課時你表現專心，老師會讚賞你還是責備你？」

第二步：調適難度（如第一步不成功，才進行此步驟）

◎ 只引用與孩子有關及經常出現的行為於活動中。

方法一：把孩子有興趣的活動加入遊戲中，例如投球比賽。家長預備兩個盒子，一個代表好行為，另一個代表壞行為。當家長說出一個行為，例如「衣着整齊」，孩子自行分辨該行為後，便把球投進代表好行為或壞行為的盒子中。

方法二：家長請孩子就遊戲中說出的行為進行自我檢討，想一想自己符合了哪些給人好印象和壞印象的特點。

金句：只要讓人感到快樂和舒服，

便能給人留下好印象。

訓練活動2：五點擴音機

→ 活動目標

學習控制自己的聲量及因應不同環境運用恰當的聲量。

玩法

1. 家長向孩子展示「五點擴音機」遊戲卡。

五點擴音機

2. 家長向孩子介紹「五點擴音機」：「『1』是靜音，就是我們不用說話的時候。『2』是細聲，即是說秘密時的聲量或在很寧靜的環境時用的聲量。『3』是一般聲量，就是與人面對面交談時的聲量。『4』是大聲，即是在較嘈吵的環境下或與人距離較遠時用的聲量。『5』是極大聲，即是叫救命的聲量。」

3. 家長與孩子設定一句話，例如「你好嗎？」，以練習「五點」聲量。

4. 當孩子能調節自己的聲量後，家長可與孩子進一步討論何時運用什麼聲量。

5. 家長在白卡上面寫上不同的情景，例如：「在操場裏」、「在巴士上」、「在圖書館裏」等。

6. 家長在孩子面前快速地展示卡片，孩子需立即以恰當的聲量説出設定的話。

💬 言語治療師的話

　　自閉症譜系障礙的孩子對環境的觀察力較弱，常常未能因應場合而運用合適的聲量，例如他們會在寧靜的環境中高談闊論；相反，他們不會在嘈吵的環境中放大聲量。當他們被要求收細聲量或重複說話時，他們往往顯得不明所以。因此，他們需要學習根據環境情況而運用不同的聲量。

　　此外，自閉症譜系障礙的孩子需要清晰具體的方法，才能明白抽象的概念，而「五點」（5-point scale）正是可以提供一個具體和有效地量度聲量的指標，能協助孩子明白不同聲量的準則。

☑ 家長評分

如孩子同時有以下各項表現，顯示孩子已大致掌握活動目標：

◎ 能正確地運用「五點」聲量

◎ 能說出運用各點聲量的不同情況

進階指引　（家長可以由第一步開始，逐步加深活動的難度）

第一步：家長與孩子進行角色扮演，例如扮演身處課室或菜市場中，讓孩子學習在不同情景中運用恰當的聲量說出對白。

第二步：家長讓孩子說出運用不同聲量時予人的感受，例如用不同聲量說出同一句話「你好嗎？」。

其　他：進行訓練活動3「我是小老師」。

提示指引

給予協助：

◎ 家長以手勢提示孩子恰當的聲量。

◎ 家長示範一次不同的說話聲量，讓孩子模仿。

變一變

方法一：家長與孩子以不同的說話進行練習。

方法二：家長可把「五點擴音機」貼在牆上，有需要時可指向擴音機，以協助孩子在不同情景下應用不同的聲量。

> **金句**：運用合適的聲量，就可有效地溝通，也會給人留下好印象。

訓練活動3：我是小老師

此活動適用於有以下情況的孩子：
◎ 將要或剛升讀小學
◎ 需要學習遵守課堂規則
◎ 喜歡反駁別人訂立的規則

→ 活動目標

學習課堂規則及明白規則背後的意思。

玩 法

1. 孩子與家長進行角色扮演。由孩子扮演老師，家長扮演學生，情景為上課的時候。

2. 家長在課堂中故意不遵守某些規則，例如在課堂中大叫或隨意走出座位。

3. 孩子負責提示家長遵守課堂規則。

4. 家長反問孩子為何要遵守規則。

5. 孩子需要作出解釋。

6. 訓練活動完成後，家長與孩子分享感受。

7. 家長為訓練活動作出總結時，可跟孩子說：「如果你能遵守課堂規則，別人就會覺得舒服，就會對你有好印象。」

8. 以下是課堂常規的例子：

◎ 上課時，學生需要留在座位上。
◎ 老師說話時，學生需要安靜地聆聽及望着老師。
◎ 學生發言前要先舉手。
◎ 老師提問時，學生要站起來回答。
◎ 如學生有意見或疑問，要有禮貌地提出來。
◎ 學生需要準時上課及交功課。
◎ 上課時不可以吃東西。
◎ 默書、測驗或考試時要保持安靜。

💬 言語治療師的話

　　遵守課堂規則是患有自閉症譜系障礙的孩子在升讀小學後，需要面對的其中一項大挑戰。一般孩子會觀察羣體中其他人的表現，從而調節自己的行為，以達到其他人的期望。然而，患有自閉症譜系障礙的孩子缺乏解讀環境及觀察別人的能力，因而往往不知道自己的行為與大眾行為不相符。家長可透過輕鬆的形式，例如遊戲，提升孩子對環境規則的敏感度，讓孩子明白規則背後的目的是令大家感到舒服及有安全感。而自閉症譜系障礙的孩子的可愛之處是，當他們明白及認同這些規則後，就會願意去遵守，甚至會比一般孩子更有原則。

☑ 家長評分

如孩子同時有以下各項表現，顯示孩子已大致掌握活動目標：

◎ 能說出或寫出不同的課堂規則

◎ 能說出各規則背後的原因

♪ 進階指引（家長可以由第一步開始，逐步加深活動的難度）

第一步： 家長與孩子進行角色扮演時，扮演學生的家長有時遵守課堂規則，有時故意破壞規則。孩子需回應家長的好行為及壞行為。

第二步： 家長與孩子討論，在什麼特殊情況下，一些課堂規則或可被打破。

其　他： 進行訓練活動4「老師話……」。

👉 提示指引

給予協助：

◎ 如孩子未能參與角色扮演，家長可引導孩子多進行角色扮演活動及解說情景。

◎ 如孩子未能就家長的行為作出回應或說出規則，家長可更誇張地演繹情景或先與孩子討論在課堂上需要遵守的規則，才開始這訓練活動。

◎ 如孩子未能說出規則背後的原因，家長可引導孩子代入情景中進行思考，例如向孩子提問：「你喜歡同學在老師說話時不停地說話嗎？」

家長在日常生活的類似情景中刻意破壞規則，看孩子是否能指出家長不恰當的地方。

金句：上課守規則，大家都舒服。

訓練活動4：老師話⋯⋯

此活動適用於有以下情況的孩子：
◎ 將要或剛升讀小學
◎ 需要加強聆聽和理解能力
◎ 已完成訓練活動3「我是小老師」

→ 活動目標

學習理解老師的指示。

玩法

1. 家長告訴孩子玩遊戲「老師話⋯⋯」。

2. 家長扮演老師並説出指示。當家長的指示包含「老師話」這三個字時，孩子需要跟從家長的指示。相反，當家長直接説出指示時，即不包含「老師話」這三個字，孩子不用跟從家長的指示。例如家長説：「老師話寫出今日的日期。」孩子就要立即跟從指示。相反，家長説：「寫出今日的日期。」孩子就不用跟從指示。

3. 家長可包含以下字眼於指示中，例如：「左上角」、「右上角」、「隔小小位」、「間線」等。例如家長可跟孩子説：「老師話寫今日的日期在紙的左上角。」「寫自己的英文名，再在名下面加間線。」等。

4. 當孩子完成指示後，家長可回應：「做得好好！你有留心聽指示。」

💬 言語治療師的話

有時候，即使自閉症譜系障礙的孩子明白課堂規則及規則背後的意思，他們仍未能有效地跟從老師的指示，原因是這些孩子的理解能力可能較弱，特別是對於包含較複雜的字眼，例如：「左上角」、「間線」或「隔行」等的指示。家長可多進行這訓練活動，加強孩子跟從老師指示的能力。

當孩子聽到「老師話」這三個字才需要跟從指示時，孩子需要學習分辨及過濾沒有用的資訊，這也是重要的聆聽技巧。

☑ 家長評分

如孩子同時有以下各項表現，顯示孩子已大致掌握活動目標：

◎ 能在70%時間裏跟從「老師話⋯⋯」的指示

◎ 能明白特別字眼，例如：「左上角」、「間線」或「隔行」等

🎼 進階指引 （家長可以由第一步開始，逐步加深活動的難度）

第一步：家長加快說出指示的速度。

第二步：家長加深指示的複雜性，例如可以一連串地說出幾個指示，讓孩子一次執行幾個指示。

第一步：給予協助

◎ 如孩子未能過濾不必跟從的指示，家長可特別強調「老師話」這幾個字。

◎ 如孩子未明白指示，家長可用動作提示孩子，或強調指示中的重要字眼。

第二步：調適難度（如第一步不成功，才進行此步驟）

◎ 如在給予協助後，孩子仍未能過濾不必跟從的指示，家長可再解釋規則，或在幾次的練習中只給予包含「老師話」的指示，讓孩子先熟習這類指示。

◎ 如在給予協助後，孩子仍未明白指示，家長可簡化指示，例如把「寫日期在紙的左上角」簡化為「寫下日期」。

⭐ 變一變

家長與孩子對換角色，由孩子扮演老師說出指示，家長負責執行。然後，讓孩子判斷家長的表現是否正確。

金句：留心聽指示，上課好容易。

訓練活動5：儲蓄車輛

此活動適用於有以下情況的孩子：
◎ 對別人的活動只有短暫的注意
◎ 與人缺乏眼神接觸
◎ 較少留意別人的身體語言
◎ 需要學習遵守遊戲規則

你需要：
◇ 交通工具遊戲卡
（共20張，見教材頁）

→ 活動目標

學習遵守遊戲規則及留意別人的身體語言。

玩法　（需要三至五人參與）

1. 家長找一個安靜的地方，並跟孩子說要與他玩儲蓄車輛的遊戲。

2. 遊戲目的是集齊任何一套4張的交通工具遊戲卡（巴士、小巴、私家車、的士、單車）。

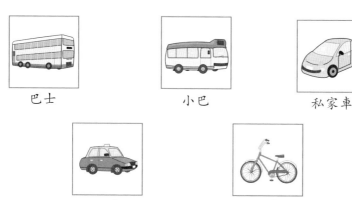

巴士　　　　　　小巴　　　　　　私家車

的士　　　　　　單車

3. 家長按人數預備合適數量的遊戲卡（例如三位參與者便預備3款遊戲卡）。

4. 家長把卡面朝下，然後把卡洗勻，再隨意派給每人4張卡。

5. 各人看過自己的卡後，保留同款數量最多的卡，然後把同款數量最少的卡覆轉並放在桌上，再依順時針方向傳給下一位（例如某參與者手上持有2張巴士卡、1張小巴卡、1張私家車卡，他可以保留巴士卡，然後把私家車卡或小巴卡傳給下一位）。

6. 各人再看從其他參與者傳來的卡，然後重複步驟 5。

7. 當其中一位參與者集齊一套4張同款的卡時，要即時按自己的鼻子。當其他人看見有人按鼻子時，就要鬥快按自己的鼻子。

8. 按鼻子最慢者輸掉遊戲。家長或可因應情況給予最慢者「懲罰」或任務。

••• 言語治療師的話

　　部分自閉症譜系障礙的孩子非常重視遊戲的輸贏。當他們輸掉時，很可能會發脾氣。另外，這些孩子較一般孩子難以掌握多變的遊戲規則，因此他們與朋輩玩遊戲時，往往出現很多困難。家長可多與孩子進行不同的遊戲，藉此協助孩子適應不同的遊戲規則及學習享受遊戲的過程，讓孩子能更有效地與朋輩交往。

　　自閉症譜系障礙的孩子較少留意別人的身體語言，因而往往忽略了別人重要的非口語信息。此活動能協助他們以有趣的方式，學習留意別人的身體語言。

☑ 家長評分

如孩子同時有以下各項表現，顯示孩子已大致掌握活動目標：

◎ 有留意別人的動作

◎ 能在約70%時間裏遵守遊戲規則

◎ 能在約70%時間裏跟從別人鬥快按鼻子

進階指引 （家長可以由第一步開始，逐步加深活動的難度）

第一步：家長多加入一項遊戲規則，例如在遊戲過程中各人不能發出聲音。

第二步：家長同時加入兩項遊戲規則，例如在遊戲過程中各人不能發出聲音，以及在集齊一套4張卡時，需要即時按鼻子和站起來。

第三步：家長在每一次遊戲時都變化當中的規則，例如今次集齊一套4張卡要按鼻子，下一次集齊時則要做出某個手勢。

提示指引

給予協助：

◎ 家長減慢遊戲的速度。

◎ 家長以說話提示孩子留意別人的動作及遊戲規則。

◎ 當集齊一套4張卡後，家長或其他參與者可以誇張地做出按鼻子的動作，讓孩子更容易留意別人的動作。

方法一：家長可以用撲克牌作教材，讓孩子明白遊戲是可以有變化的。

方法二：家長以此遊戲作基礎，並加入變化，例如最慢按鼻子的人要和其他參與者分享一件愉快的事。

金句：留意別人的身體語言，
就可知道別人的想法。

訓練活動6：小息到了

此活動適用於有以下情況的孩子：
◎ 需要學習安排自己的活動
◎ 需要學習邀請別人

你需要：
◇ 數張紙條、筆
◇ 一個鬧鐘

⊙ 活動目標

學習安排小息的活動並邀請別人參與活動。

🧩 玩 法

1. 家長以鬧鐘計時，例如在10分鐘內，孩子與家長鬥快在紙條上寫出小息時可以進行的活動，或可能需要處理的事情。每張紙條上只可寫上一件事情。

2. 限時過後，家長和孩子各自讀出自己紙上的答案。

3. 家長與孩子討論哪些是小息中最常進行的活動，或最需要處理的事情。

4. 家長再在紙條上寫出需要有人陪伴的活動，並將它們覆轉放在桌子上，例如與朋友一起分享小食、與朋友到圖書館等。

5. 孩子抽出其中一種活動，並以說話邀請家長共同參與活動。

　　患有自閉症譜系障礙的孩子在安排空餘時間時，經常顯得非常吃力。他們只會按自己的喜好去決定先完成某件事情，因而未能排列處理事情的優先次序。小息是小學生在校內重要的空餘時間，它不但可以讓孩子休息，也讓孩子與朋輩交往玩樂。有時候，孩子甚至需要利用部分小息時間，完成老師指派的任務。假如能讓自閉症譜系障礙的孩子妥善地安排小息，將對他們融入小學生活及與朋輩相處有正面的影響。

　　另外，即使這些孩子有與朋輩交往的意慾，但礙於表達能力及社交技巧所限，他們很多時也未能有效地邀請朋友共同參與活動或加入朋輩的活動中。情景演練有助他們預習社交情景，讓他們更有效地融入校園生活。

☑ 家長評分

如孩子同時有以下各項表現，顯示孩子已大致掌握活動目標：

◎ 能寫出最少四至五個小息可以進行的活動

◎ 能排列各事情的優先次序

◎ 能邀請家長共同參與活動

🎚 進階指引 （家長可以由第一步開始，逐步加深活動的難度）

第一步：孩子以一位同學為對象，觀察對方在小息進行的活動，並跟家長分享對方如何安排小息。

第二步：家長請孩子分享今天及昨天小息時的活動，並讓孩子自行比較對哪一個小息的安排較滿意。

👉 提示指引

給予協助：

◎ 家長請孩子回想昨天或剛過去的小息，然後把當時的活動寫在紙條上。

✨ 變一變

家長請孩子為自己的日常流程作安排，例如安排放學後的時間或假期的活動，從而加強安排事情優先次序的技巧。

金句：小息安排好，校園生活過得好。

訓練活動7：時間紙條

此活動適用於有以下情況的孩子：
◎ 需要學習在恰當時機與人溝通
◎ 較常插嘴
◎ 需要加強描述技巧

你需要：
◇ 數張紙條、筆

→ 活動目標

學習尋找恰當時機與人溝通。

玩法

1. 家長與孩子談任何一個孩子喜歡的話題，例如今天發生的快樂事情、假期的安排、孩子想要的禮物等。

2. 過程中，家長故意多次打斷孩子的話，例如在不適當的時候提問或給予過多的意見。

3. 然後，家長請孩子分享感受。

4. 家長再請孩子在每一張紙條上寫出不想被打擾的時間。

5. 家長請孩子把紙條藏在家中不同的地方，然後由孩子逐一提示家長收藏紙條的地方。家長依提示尋找紙條。

6. 家長找出紙條後，請孩子解釋不想在那些時間被打擾的原因。

7. 家長及孩子對換角色。家長在紙條上寫出不想被打擾的時間後便藏起紙條。

8. 孩子找出紙條，再猜一猜家長不想被打擾的原因。

9. 家長與孩子討論如何知道當時是否一個適當的時機和別人進行溝通，例如觀察對方的活動和表情後再作決定。

💬 言語治療師的話

　　患有自閉症譜系障礙的孩子，通常較少留意別人的需要及反應。當他們有事情需要與對方溝通時，往往希望即時解決，或未能理會對方是否有空，因而有較多在不適當時間開展話題的情況。如對方沒有回應，他們可能會不停地追問，直至得到對方的回應或答案為止。因此，在別人眼中，他們表現得很不通情達理，甚至讓別人感到很煩擾。家長教導他們察言觀色，是讓他們學習尋找恰當的溝通時機的一個方法。

☑ 家長評分

如孩子同時有以下各項表現，顯示孩子已大致掌握活動目標：

◎ 能分享被不適當地打擾的感受

◎ 能寫下最少五個不想被打擾的時間

◎ 能說出自己不想被打擾的原因

◎ 能說出別人不想被打擾的原因

◎ 能說出如何分辨當時是否一個適當的時機和別人進行溝通

第一步：家長讓孩子集中在某範圍內思考，要求孩子寫出在某些環境中不想被打擾的時間，例如在學校不想被打擾的時間。

第二步：在遊戲的過程中，家長不寫出自己不想被打擾的時間，改為要求孩子寫出家長不想被打擾的時間，讓孩子代入別人的角色思考。

提示指引 （家長由第一步開始協助孩子，直至孩子能完成活動）

第一步：給予協助

◎ 如孩子不能說出被打擾的感受，家長可檢討孩子是不感到被打擾還是未能說出感受。如孩子不感到被打擾，家長可先與孩子討論他認為怎樣才是被打擾。如孩子是未能表達感受，家長可透過提問方式，協助孩子表達意思。

◎ 如孩子未能寫出不想被打擾的情景，家長可先說出例子，引導孩子思考。

第二步：調適難度（如第一步不成功，才進行此步驟）

◎ 家長在紙條上寫出不同的情景，例如：別人在看報紙、別人趕着外出、別人在沙發上休息等，讓孩子分辨哪些才是恰當時機與人溝通。

變一變

方法一：家長請孩子寫下或畫出在必要時打擾別人的方法，再跟從以上的玩法進行遊戲。

方法二：家長與孩子抽出在上述遊戲中完成的紙條，作為角色扮演的情景。孩子扮演如何在該迫不得已的情景下恰當地打擾別人。

金句：在適當時機跟別人溝通，
　　　別人會覺得我通情達理。

訓練活動8：拆彈專家

此活動適用於有以下情況的孩子：　　你需要：
◎ 較少發問　　　　　　　　　　　◇ 炸彈遊戲卡（共10張，
◎ 較少主動表達意思　　　　　　　　見教材頁）
◎ 較少解決問題　　　　　　　　　◇ 數張紙條、筆

→ 活動目標

加強解決問題的能力。

玩法　（需要最少三人參與）

1. 家長告訴孩子：「我們來玩拆彈遊戲。」家長為主持人，孩子及另一人為參與者。

2. 參與者各獲分配數量相同的紙條。參與者在每一張紙條上寫上一個生活上遇到的問題（如孩子的文字表達能力有限，可以讓孩子以圖畫表達）。

3. 家長隨意把一個數字寫在炸彈上（例如：56）。

炸彈

4. 家長說出該數字所在的範圍（例如：1- 100）。

5. 孩子説出該範圍的其中一個數字（例如：95）。

6. 家長按孩子説出的數字把範圍縮窄（例如：1-95）。

7. 另一位參與者説出該範圍內的任何一個數字（例如：38）。

8. 家長按以上數字把範圍收窄（例如：38-95）。

9. 家長與參與者重複以上遊戲步驟，直至其中一位參與者猜出數字。

10. 當其中一位參與者猜出數字後，即是炸彈被引爆了。引爆炸彈的人抽出一張小紙條，並説出解決問題的方法，其他人就以上的方法給予意見。

💬 言語治療師的話

　　孩子升上小學後，因為老師對孩子的要求高了，直接的照顧同時減少了，所以孩子需要更獨立地解決問題。患有自閉症譜系障礙的孩子，由於處事較缺乏彈性，加上不懂得尋求別人的協助，因此在遇到問題時經常未能妥善地解決。他們有時會把小問題放大，或未懂得分析問題的處理次序，容易引起情緒爆發或困擾。家長讓這些孩子學習分析問題的嚴重程度，從而妥善地解決問題，是適應小學生活的重要一項。

如孩子同時有以下各項表現，顯示孩子已大致掌握活動目標：

◎ 能寫出自己遇到的問題

◎ 能說出問題的解決方法

◎ 能就別人說出的方法給予意見

進階指引 （家長可以由第一步開始，逐步加深活動的難度）

第一步：孩子分析及比較幾個問題的嚴重程度，再說明該優先處理哪一個問題。

第二步：家長與孩子根據在遊戲中列出的問題，一起討論預防問題發生的方法。

👉 提示指引 （家長由第一步開始協助孩子，直至孩子能完成活動）

第一步：給予協助

◎ 如孩子不明白遊戲規則，家長可從旁提示。若參與者較多，可安排一位參與者與孩子同組。

◎ 如孩子想不出在學校中遇到的問題，家長除了用提問的方式引導外，也可以分享自己兒時在校內遇到的問題，刺激孩子思考。

第二步：調適難度（如第一步不成功，才進行此步驟）

◎ 孩子不用就別人的方法給予意見，只集中思考在學校中遇到的問題和解決方法。

變一變

方法一：改由孩子主持遊戲，讓孩子學習解釋遊戲規則及擔當主導角色。

方法二：家長可沿用以上的教材，但紙條上改為寫出快樂的事情，學習與人分享快樂。

金句：冷靜想一想，凡事總有解決的辦法。

訓練活動9：醒目小廚師

此活動適用於有以下情況的孩子：
◎ 較少發問
◎ 主動性較弱
◎ 遇到不明白的事時較少尋求澄清

你需要：
◇ 漢堡包食材遊戲卡
　（共34張，見教材頁）

→ 活動目標

學習尋求澄清。

🧩 玩法

1. 家長告訴孩子一起玩遊戲，並説：「這裏開了一家漢堡包店。」孩子會擔任小廚師，家長會扮演客人。

2. 家長向孩子展示製作漢堡包的材料（漢堡包食材遊戲卡），並告訴孩子，小廚師的工作是製作漢堡包。

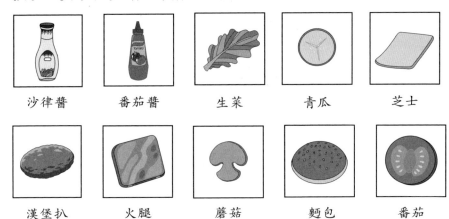

沙律醬　　番茄醬　　生菜　　青瓜　　芝士

漢堡扒　　火腿　　蘑菇　　麵包　　番茄

3. 遊戲開始時，家長說：「我要一個漢堡包。」（除非孩子主動要求澄清，否則家長需刻意不說清楚製作漢堡包的材料）。

4. 倘若孩子按自己的意思製作了漢堡包，家長可以說：「我不是要這一款的漢堡包。」再看孩子能否尋求澄清（除非孩子主動尋求澄清，否則家長暫時也不提示孩子，他需要問清楚製作漢堡包的材料）。

5. 假如孩子仍按照自己的主意製作漢堡包，家長待孩子完成製作後說：「我也不是要這些材料製作漢堡包。」

6. 家長暫停遊戲，問孩子：「為什麼你兩次都做不出我想要的漢堡包？」過程中，家長引導孩子說出尋求澄清的重要性。

7. 假如孩子已尋求澄清，家長可以改問：「為什麼你問我用哪些材料製作漢堡包？」過程中，家長引導孩子加深了解尋求澄清的重要性。

8. 家長與孩子繼續遊戲，孩子向家長發問，以了解家長想用哪些材料製作漢堡包，例如：牛肉芝士青瓜漢堡包、火腿番茄沙律醬漢堡包。

💬 言語治療師的話

　　自閉症譜系障礙的孩子因缺乏解讀別人心思的能力，所以會以為自己知道的事別人也會知道，他們更不明白每個人有不同的想法。另外，因為這些孩子的表達能力較弱，所以遇上不明白的事情時，他們也許未能恰當地尋求澄清，誤會便容易產生。當成人教導他們恰當地尋求澄清時，需要先讓孩子明白尋求澄清的必要性，然後學習當中的技巧。

如孩子同時有以下各項表現，顯示孩子已大致掌握活動目標：

◎ 能大致說出尋求澄清的重要性

◎ 表現出明白別人的想法與自己的可能不同

◎ 懂得發問問題尋求澄清

⌇⌇ 進階指引 （家長可以由第一步開始，逐步加深活動的難度）

第一步：家長對漢堡包的材料有更細緻的要求，例如每一種材料的分量。孩子尋求澄清時，需要進一步問清楚每種材料的數量，例如：三片生菜、一片麵包。

第二步：家長可以要求孩子製作兩個漢堡包，孩子需要弄清楚每一個漢堡包的材料。

👍 提示指引 （家長由第一步開始協助孩子，直至孩子能完成活動）

第一步：給予協助

◎ 如孩子說不出為何做不到家長想要的漢堡包時（不明白尋求澄清的重要性），家長可以問孩子：「我想吃的漢堡包跟你想出的是否一樣？」

◎ 如孩子未能運用適當的問題尋求澄清時，家長可以給予口頭提示作引導，例如跟孩子說：「不如你問我想要牛肉還是火腿？」

第二步：調適難度（如第一步不成功，才進行此步驟）

◎ 家長簡化遊戲的材料，例如只運用一種材料於漢堡包中。

變一變

家長在日常生活中多些要求孩子協助處理一些小任務，並刻意給予含糊答案，令孩子需要尋求澄清。

金句：問清楚，溝通更容易。

訓練活動10：物件寶盒

此活動適用於有以下情況的孩子：
◎ 描述事物的能力較弱
◎ 對聽覺信息較難理解
◎ 對別人是否理解自己的說話欠缺敏感度

你需要：
◇ 一個不透明的盒子
◇ 數張紙條、筆
◇ 孩子喜歡的物件
　（例如食物或玩具）

→ 活動目標

加強描述能力及分析聽覺資料的能力。

玩法

1. 家長拿出一個不透明的盒子，跟孩子說：「我把一件寶物放在這盒子內。如果你能猜出盒內的物件，我就把這物件送給你/借給你玩。」

2. 家長把「寶物」放在盒子內，但不要讓孩子看到物件。

3. 家長按物件的種類、外形、質感、特別之處等作出描述。

4. 孩子猜出物件後，家長把該物件送給孩子或借給孩子玩。

5. 孩子與家長對換角色，由孩子在紙條上寫出希望擁有的物件。

6. 孩子按物件的種類、外形、質感、特別之處等作出描述。

7. 家長猜出物件並打開紙條。

💬 言語治療師的話

　　孩子上小學後，需要運用語言表達更多非此時此刻的事情，例如描述在學校中遇到的人和事。孩子能否精確地描述人和事，將會影響他們與人的溝通。患有自閉症譜系障礙的孩子，他們的表達能力可能較弱，很多時未能運用精確的語言描述事物。加上，他們缺乏洞悉別人是否理解自己說話的能力。在別人不明白他們的說話時，他們大多未能有效地重整或修補自己的話。因此，他們常給別人一種辭不達意及難以溝通的印象。

　　再者，他們有時只專注於事物的細節，未能綜合細節以歸納出整件事情。在聆聽資料後，他們往往未能有效地整理及分析資料，因而對別人的話顯得不甚理解。倘若加強了他們學習綜合及分析聽覺資料的能力，將有助他們更了解別人的信息。

☑ 家長評分

如孩子同時有以下各項表現，顯示孩子已大致掌握活動目標：

◎ 孩子能猜出物件
◎ 孩子能準確地對物件作出描述

📶 進階指引 （家長可以由第一步開始，逐步加深活動的難度）

第一步：由猜物件改為猜地方。家長與孩子猜大家想去的地方，並把遊戲改為描述地點。

第二步：家長可故意給予部分含糊的提示。孩子需要作出追問，以得到更清晰的提示。

👉 提示指引 （家長由第一步開始協助孩子，直至孩子能完成活動）

第一步：給予協助
◎ 家長在給予孩子提示後，與孩子一起把提示寫下，以便分析。

第二步：調適難度（如第一步不成功，才進行此步驟）
◎ 家長只選擇孩子非常熟悉的物件進行遊戲。
◎ 家長協助縮窄答案的範圍。家長與孩子分析後，問孩子：「你猜答案是小熊公仔還是玩具車？」

✨ 變一變

家長可以在藏起物件後不作描述，改由孩子提問不同問題，家長給予提示協助孩子猜出物件。

金句：運用精確的詞語，別人就更易明白。

親子故事1

此故事適用於有以下情況的孩子：　學習目標：
◎ 已完成本章的訓練活動1和2　　＊ 學習建立良好的形象
◎ 能安坐5至10分鐘　　　　　　＊ 理解別人的想法及行為背後的原因
◎ 能進行基本的對答　　　　　　＊ 學習運用恰當的聲量

家長以口語説出以下故事，並以問題引導孩子思考故事的細節。

沒有朋友的朗希

　　朗希是一個小學二年級的學生。今天，媽媽為朗希預備了很多小食，讓他在小息時與同學分享。媽媽希望朗希藉着與同學分享食物，與同學建立友誼。　　　　　　　　　　　　　　　　　（第一段）

　　小息時，朗希拿着食物盒到操場去。他打開食物盒後，看見很多不同的小食，有小魚餅、小蛋糕、餅乾條等。他高興得立即伸手拿食物，大口大口地吃着。忽然，他想起了媽媽的吩咐，要與其他同學分享食物。他立即跑到同學小晴的面前，打開食物盒，說要請小晴吃小食。小晴看到食物盒內零零碎碎的食物，再看着朗希舔着手指的模樣，立即就走開了。　　　　　　　　　　（第二段）

　　小息後是中文課，朗希感到很沉悶，於是用筆敲打着桌子。他又會把用過的紙巾收集在桌子的抽屜內，以檢視一天到底用了多少張紙巾，這是他每天的一個小樂趣。然後，老師請同學分組討論課文內容，朗希立即坐在同學面前大聲地發表意見，因為他認為聲量較大會令同學更容易明白他的話。　　　　　　　　（第三段）

最後的一節課堂是班主任課，老師請同學自由分組參與學校的旅行。可是，沒有同學願意和朗希一組。最後，老師指派了朗希加入小晴的一組。同學們都不喜歡朗希，還刻意不跟他說話。(第四段)

回家後，朗希問媽媽，為什麼同學們都不喜歡他呢？ （第五段）

問題1 **為什麼媽媽為朗希預備了很多小食？**(第一段)

參考答案：因為媽媽希望朗希藉着與同學分享食物，與同學建立友誼。

提示指引：「朗希媽媽有什麼願望？」

家長回應：「與人分享食物能讓對方覺得你友善，因而更願意接近你。」藉此讓孩子明白與人分享的重要性。

問題2 **你猜朗希喜歡媽媽為他預備的食物嗎？你如何知道？**
(第二段)

參考答案：喜歡。因為當他打開食物盒，看見多款不同的小食就高興得立即伸手拿食物，大口大口地吃着。

提示指引：「剛剛故事中提到朗希大口大口地吃食物，這表示他喜不喜歡媽媽為他預備的食物呢？」

家長回應：「只要觀察對方的行為，就可以猜出他的想法。」藉此讓孩子明白行為背後是有其想法的。

問題3 為什麼朗希請小晴吃小食，小晴會走開？（第二段）

參考答案：因為當小晴看到食物盒內零零碎碎的零食，再看着朗希舔着手指的模樣，覺得朗希很不衛生，所以便走開了。

提示指引：「朗希請小晴吃小食時，他做了什麼？」

家長回應：「別人看見了我們的行為，就會立即對我們產生印象。好行為會令人有好印象；相反，壞行為會令人有壞印象。」

問題4 你能説出朗希還有什麼行為需要改善嗎？（第三段）

參考答案：他用筆敲打桌子、把用過的紙巾收集在桌子的抽屜內，以及大聲地與同學討論。

提示指引：「如果你是朗希鄰座的同學，你希望朗希減少做哪些事情？」

家長回應：「即使我們的行為有着自己的原因，也需要顧及別人的感受，才可與人好好相處。」藉此加強孩子理解自己的行為會影響別人。

問題5 在旅行分組中，為什麼同學們都不願意與朗希一組？（第四段）

參考答案：因為同學對朗希的印象不好，認為他不衛生或很煩擾，所以不想與他一組。

提示指引：「如果你是朗希的同學，你喜歡跟他一組嗎？為什麼？」

家長回應：「讓別人有好印象會令別人更願意接近你。」藉此讓孩子明白留意自己行為的重要性。

請家長在以下 □ 內加 ✓：

□ 孩子能回答 4 至 5 題

□ 孩子能回答 2 至 3 題

□ 孩子能回答 0 至 1 題

根據評分，家長可按P.15的建議採取下一步行動。

᠊ᢗᡶ 進階指引

◎ 家長可在日常生活中提示孩子留意自己的行為。孩子可以預備一本
記事簿，在每一周記錄自己該周的好行為。

親子故事2

此故事適用於有以下情況的孩子：
◎ 已完成本章的訓練活動3、4和7
◎ 能安坐5至10分鐘
◎ 能進行基本的對答

學習目標：
＊ 明白遵守課室規則的重要性
＊ 學習遵守課堂常規
＊ 學習在恰當時機與人溝通

家長以口語說出以下故事，並以問題引導孩子思考故事的細節。

受歡迎的卓謙

卓謙是一個小學三年級的學生，他很受同學的歡迎。 （第一段）

上課時，他專心地聆聽老師講課。當有不明白的地方時，他會待老師說話完後停下來，才舉手發問。他做功課非常認真，遇上難題時，他會反覆思考，嘗試找出答案。當同學請教他時，他會耐心地教導同學。 （第二段）

今天，老師講解一個新的數學概念。因為班上其中幾位同學已在補習社學了這個概念，所以他們沒有耐性聽老師的講解，只顧着聊天。這幾位同學的聲音幾乎蓋過老師的聲音。其他同學開始埋怨這幾位同學，但只有卓謙仍努力地聽着老師的講解。老師請同學保持安靜，並再次講解那個數學概念。老師不但以說話講解，還在黑板上做了多道數學題，讓學生更容易明白。 （第三段）

下課後，有同學問卓謙為什麼他總是能明白老師的講解。卓謙解釋過後，同學終於明白了。 （第四段）

問題1 卓謙上課時有什麼地方值得我們學習？（第二段）

參考答案：卓謙專心地聆聽老師講課。當有不明白的地方時，他會待老師説話完後停下來，才舉手發問。

提示指引：「卓謙怎樣聽老師的講解？」

家長回應：「這些都是值得我們學習的地方。」藉此鼓勵孩子多學習別人的優點。

問題2 當卓謙有不明白的地方時，為什麼他要等老師説話完後停下來才發問？（第二段）

參考答案：因為他不想打斷老師的説話，或老師的話中會有他想知道的答案。

提示指引：「你猜老師想先把話説清楚還是被打斷？」

家長回應：「你知道要在適當時候才發言。」藉此讓孩子明白在恰當時間才與人溝通。

問題3 什麼是上課專心？（第三段）

參考答案：上課專心即是眼睛望着老師、耳朵聽着老師的話，以及用心思考老師的話。

提示指引：「上課專心時，身體各部分的狀態是怎樣的？」

家長回應：「你明白什麼是上課專心了。」藉此讓孩子明白遵守課堂規則背後的意義。

問題4 為什麼那幾位同學會聊起天來？（第三段）

參考答案：因為班內的幾位同學已在補習社學了老師講解的數學概念，所以他們沒有耐性聽老師的講解，只顧着聊天。

提示指引：「那幾位同學是否已學了老師講解的數學概念？」

家長回應：「原來每個人做事背後都有原因。」藉此強化孩子知道行為背後都有原因。

問題5 為什麼卓謙能明白老師的講解？（第四段）

參考答案：因為他有專心地聽老師的講解，也有看着老師在黑板上寫的數學題。

提示指引：「當老師講解時，卓謙在做什麼？」

家長回應：「老師講解時，我們不但要聽，還要看及用心思考，才能明白老師的意思。」藉此讓孩子知道聆聽的真正意思。

☑ 家長評分

請家長在以下 □ 內加 ✓：

□ 孩子能回答 4 至 5 題

□ 孩子能回答 2 至 3 題

□ 孩子能回答 0 至 1 題

根據評分，家長可按P.15的建議採取下一步行動。

◎ 家長可在日常生活中多些與孩子討論遵守課堂常規的意思，並藉此明白對自己及對別人的好處。

親子故事3

此故事適用於有以下情況的孩子：
◎ 已完成本章中訓練活動5和6
◎ 能安坐5至10分鐘
◎ 能進行基本的對答

學習目標：
＊ 學習安排自己的小息
＊ 理解別人眼神及身體語言的意思

家長以口語說出以下故事，並以問題引導孩子思考故事的細節。

小晴的抉擇

最近，學校舉辦了一個閱讀獎勵計劃。在這個月內，全校借書最多的十位同學可以得到一份禮物。因此，小晴約好了班上的兩個好朋友，在第一個小息一起到圖書館借書，準備星期六及星期日在家中閱讀。 　　　　　　　　　　　　　　　　　　　　　　　　（第一段）

小息前的一節課是英文課。在英文課時，老師派發了上一次的評估卷。全班同學的成績都很好，只有小晴一人不合格。於是，老師請小晴在第一個小息時到教員室找他。 　　　　　　　　　（第二段）

小晴因為約了兩個好朋友在小息時到圖書館借書，所以沒有前往教員室。其實，小晴的心裏有點不安，她怕老師會因為自己沒有到教員室而責備她。可是，她真的很想跟朋友到圖書館，所以沒有去找老師。 　　　　　　　　　　　　　　　　　　　（第三段）

小息結束後，同學們都在操場排隊，準備返回課室。突然，老師宣布請小晴留在操場，其他同學先回課室上課。 　　（第四段）

小晴看見了英文科老師，嚇得立即低下頭來，不敢再看老師了。老師揮揮手，眼神有點不高興，並示意小晴走到她跟前。究竟，老師與小晴說了什麼？　　　　　　　　　　　　　　　　　（第五段）

問題1 為什麼小晴想在第一個小息到圖書館？（第一段）

參考答案：因為學校舉辦了一個閱讀獎勵計劃。在這個月內，全校借書最多的十位同學可以得到一份禮物。因此，小晴約好了班上的兩個好朋友，在第一個小息一起到圖書館借書，準備星期六及星期日在家中閱讀。

提示指引：「小晴想在星期六、日做什麼？」

家長回應：「你知道小晴到圖書館的原因。」藉此讓孩子留意別人行為背後的原因。

問題2 請你想一想，為什麼老師要小晴到教員室找她？（第二段）

參考答案：因為小晴的英文科評估不合格，所以老師想幫她，或許是想指導她。

提示指引：「小晴的英文評估結果怎樣？」

家長回應：「老師找小晴就是教導小晴英文評估卷中的題目。」藉此教導孩子多留意別人的動機。

問題3 為什麼小晴沒有找老師？（第三段）

參考答案：因為小晴約了兩個好朋友到圖書館借書，所以沒有找老師。

提示指引：「小晴打算在小息時做什麼？」

家長回應：「你很留心，知道小晴原來的計劃。」藉此讓孩子知道行為
背後是有原因的。

問題4 你猜猜為何其他同學可以上課室，小晴卻要留在操場
中？（第四段）

參考答案：因為英文科老師想見小晴，或許老師想責備小晴。

提示指引：「英文科老師看小晴的眼神是怎樣的？」

家長回應：「你能從老師的眼神中猜出老師的想法。」藉此讓孩子學習
留意別人的想法。

問題5 如果你是小晴，你會在小息時到圖書館還是找英文科老
師？為什麼？

參考答案：我會先找英文科老師。如時間許可，我才會到圖書館。因為
見老師這一件事情比較重要。

提示指引：「你認為哪一件事情比較重要？」

家長回應：「我們要想一想哪一件事情較重要，並優先處理。」藉此教
導孩子安排自己時間的重要性。

請家長在以下 □ 內加 ✓：

□ 孩子能回答 4 至 5 題

□ 孩子能回答 2 至 3 題

□ 孩子能回答 0 至 1 題

根據評分，家長可按P.15的建議採取下一步行動。

進階指引

◎ 家長可在日常生活中多些提示孩子把事情分好優先次序，再逐項完成，使孩子做事更有計劃。

親子故事4

此故事適用於有以下情況的孩子：
◎ 已完成本章的訓練活動8和9
◎ 能安坐5至10分鐘
◎ 能進行基本的對答

學習目標：
* 解決問題
* 尋求別人的澄清

家長以口語說出以下故事，並以問題引導孩子思考故事的細節。

小傑去生日會

　　從前，有一個孩子名叫小傑，他做事得過且過，遇有問題時也不會尋求協助。他認為只要事情做得差不多就好了。　　　　（第一段）

　　今天，有同學邀請小傑出席在星期六舉辦的生日會。小傑從未被邀請過出席生日會，所以他立即答應了。同學說：「今個星期六，請你準時來到我家。我會預備很多遊戲和食物，還有抽獎環節。你已來過我家做專題研習，相信你一定知道我家的地址。」（第二段）

　　星期六早上，小傑拿着禮物，準備到同學的家去。這時，他才想起自己忘了同學的住址，又不知道生日會開始的時間。然而，他心想：「沒關係，到時我再找一找，反正我曾經到過他的家，應該會找到的。時間方面，反正他們是邊吃邊玩，我遲一點又有什麼關係？」誰知道，當小傑到達同學的家附近時，小傑仍是想不起同學的住宅單位。他找來找去，浪費了很多時間。突然，電話鈴聲響起了，原來同學及其他出席生日會的孩子正在等小傑切蛋糕，他們已完成了抽獎及玩遊戲。同學告知小傑自己家的地址。小傑終於到了同學的家。然而，除了蛋糕之外，其他食物都幾乎被吃光了，小傑

感到很失望。 （第三段）

　　生日會過去後的那一個星期一，同學們在學校興高采烈地討論生日會上的點滴，只有小傑坐在一旁，搭不上話了。 （第四段）

問題1 小傑的做事方式是怎樣的？（第一段）

參考答案：他做事得過且過，遇有問題時也不會尋求協助。他認為只要事情做得差不多就好了。

提示指引：「小傑做事認真嗎？他遇上問題時會怎麼辦？」

家長回應：「你有認真地聆聽故事的內容。」藉此讓孩子知道專心聆聽內容就可以知道答案。

問題2 為什麼同學在邀請小傑出席生日會時，沒有告訴小傑自己家的地址？（第二段）

參考答案：因為小傑曾經去過那同學的家做專題研習，所以同學以為小傑已經知道他家的地址。

提示指引：「小傑曾到過那個同學的家嗎？同學怎樣想？」

家長回應：「很多時候，別人的想法未必與事實符合。」藉此教導孩子想法與現實的差別。

問題3 為什麼小傑不知道同學家的地址及生日會的時間時，沒有找同學問清楚？（第三段）

參考答案：因為小傑打算到時再找一找，反正他以前到過，應該會找到同學的家。至於時間方面，小傑認為早到或遲到都不是問題，反正參加生日會的孩子是邊吃邊玩，所以小傑沒有找同學問清楚。

提示指引：「小傑當時的想法是什麼？他認為地址及生日會的時間重要嗎？」

家長回應：「原來你有留意小傑的想法。」藉此讓孩子明白想法會影響行為。

問題4 如果你是小傑，當同學邀請你出席生日會，但你不知道同學的地址和生日會的時間時，你會怎樣做？（第三段）

參考答案：我會問清楚生日會舉行的時間及同學的地址。

提示指引：「如果你不知道一些事情時，你可以怎麼辦？」

家長回應：「當我們有不清楚的事情時，一定要弄個明白，才可以妥善地解決事情。」藉此讓孩子知道尋求澄清的重要性。

請家長在以下 □ 內加 ✓：

□ 孩子能回答 4 至 5 題

□ 孩子能回答 2 至 3 題

□ 孩子能回答 0 至 1 題

根據評分，家長可按P.15的建議採取下一步行動。

ᴣᵗ 進階指引

◎ 家長可在日常生活中多些提示孩子尋求澄清及思考解決問題的方
　法，妥善處理好日常生活中的事情。

親子故事5

家長以口語說出以下故事，並以問題引導孩子思考故事的細節。

恩恩找圖書

恩恩是一個小學三年級學生。她喜歡與別人聊天，可是她說話含糊，常常令人摸不着頭腦。當其他人與恩恩傾談時，需要問很多問題，才可把事情弄清楚。　　　　　　　　　　　　　（第一段）

今天早上，下課的鈴聲響起來了，恩恩準備到圖書館交還圖書。這時，恩恩發現自己的圖書不見了，便急得哭了起來。班上的同學看見恩恩哭了起來，又看見她把書包翻了又翻，大家都在猜想恩恩一定發生了什麼事情。這時，同學只聽到恩恩說：「不見了！不見了！」　　　　　　　　　　　　　　　　　（第二段）

同學雖然聽到了恩恩的話，但不明白她在找什麼，於是七嘴八舌地詢問她。有同學問：「你遺失了什麼？」恩恩說：「我的書。」又有同學問：「你的什麼書？它是怎樣的？」恩恩回答：「我的書。它是一本書。」同學追問：「你的什麼書？」恩恩說：「我的圖書。」同學又問：「你的圖書是怎樣的？書名是什麼？書上有什麼圖案？」恩恩回答：「它是一本書，書上面有圖案的。」同學們反覆追問，才知道恩恩遺失的圖書是在學校圖書館借的，是一本關於三隻小熊

去旅行的故事書。 （第三段）

　　同學們翻開恩恩的書包找了又找，仍是找不到這本圖書。結果，同學找了老師幫忙，老師請風紀們按照同學的描述，終於在操場一角找到了圖書，並交回給恩恩。恩恩很高興，連忙感謝同學們及老師。 （第四段）

問題1 恩恩説話清楚嗎？她説話是怎樣的？（第一段）

參考答案：不清楚。她説話含糊，常常令人摸不着頭腦。當其他人與恩恩傾談時，需要問很多問題，才可把事情弄清楚。

提示指引：「恩恩説的話容易令人明白嗎？」

家長回應：「你有認真地聆聽故事的內容。」藉此讓孩子知道專心聆聽的重要性。

問題2 為什麼同學起初不明白恩恩説的話？（第二段）

參考答案：因為當時恩恩只説：「不見了！不見了！」並沒有説清楚遺失了什麼或物件的樣子，所以同學不明白恩恩説的話。

提示指引：「最初恩恩説了什麼？同學們明白嗎？」

家長回應：「我們説話要清楚，別人才能明白我們的意思。」藉此讓孩子知道運用精確詞彙説話的重要性。

問題3　你認為恩恩開始時有清楚地形容自己的圖書嗎？為什麼？
（第三段）

參考答案：沒有。因為恩恩沒有描述圖書的外形和內容。

提示指引：「恩恩怎樣形容自己的圖書？她有仔細地說出書本的外形或內容嗎？」

家長回應：「要清楚地形容物件就是要準確地說出它的特徵，例如顏色、大小、圖案等。」藉此加強孩子對清楚地描述物件的認識。

問題4　為什麼最後風紀可以找回恩恩的圖書？（第四段）

參考答案：因為風紀按同學的描述，終於替恩恩找回圖書。

提示指引：「風紀如何知道恩恩的圖書是怎麼樣的？」

家長回應：「只要清楚地描述物件，別人就容易想像出該物件。」藉此讓孩子知道清楚說話的重要性。

問題5　你試過與人談話時，別人不明白嗎？為什麼？

參考答案：試過。因為我說的話不清楚／別人沒有留心聆聽／或任何合理答案。

提示指引：家長可以引用孩子的經歷並提出問題。

家長回應：「看來你能檢討溝通時出現的問題。」藉此讓孩子明白與人出現溝通障礙時，可嘗試檢討原因並作出改善。

♪♪ 進階指引

◎ 家長可要求孩子聽故事後，嘗試形容恩恩的圖書。另外，家長可與孩子玩一個猜謎語遊戲，由孩子形容物件，家長猜謎，藉以鞏固溝通技巧。

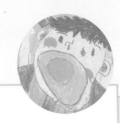

家長心得和感受

俊爸爸的分享：

分配日常時間進行遊戲

孩子上小學後的學習非常忙碌，在有限的時間中，孩子的社交溝通訓練在各學科面前顯得最為次要。然而，此書的內容提醒了我社交溝通訓練的重要性。有時候，我會利用接送孩子往返學校的時間進行書中的遊戲。這樣既可以訓練孩子，也可調劑繁忙的學校生活。

利用金句提示孩子

初小篇訓練活動中的「金句」非常有用。例如孩子發脾氣時，我會用訓練活動8「拆彈專家」中的金句：「冷靜想一想，凡事總有解決的辦法」去提醒他，他就心平氣和下來了。

讓更多人參與遊戲

最初，孩子對遊戲不感興趣。後來，我趁朋友來家中作客時，讓孩子與友人的孩子一起以訓練活動9「醒目小廚師」作為遊戲。在有競爭的環境下，我的孩子玩得非常投入，並能藉此與其他同伴打成一片，這證明了書中的遊戲很具吸引力。

高小篇

第三章引言

一個關於「自閉症譜系障礙」兒童的故事

小組討論

自閉症譜系障礙兒童面對的困難（高小篇）

　　自閉症譜系障礙的孩子累積了幾年的小學生活經驗，加上身邊人的引導和支持，部分已能跨越障礙，投入校園生活中，並擁有自己的朋友。然而，部分孩子因溝通及社交技巧不足，與人相處時仍吃盡苦頭。從臨牀經驗總結，以下是高小階段自閉症譜系障礙兒童在社交溝通方面的特點：

◎ 自我中心

◎ 個人形象欠佳

◎ 未能有自己的朋友圈

◎ 未能與朋輩協商和合作

◎ 話題狹窄

◎ 說話常離題

◎ 未能與人討論及分享想法

◎ 說話被動，或過於滔滔不絕

◎ 與人作資料性交流比情感交流多

◎ 未能靈活地按問題的嚴重性或影響訂立優先處理次序

◎ 我行我素，未能因以往的經驗及別人的意見而調節行為

◎ 過分執着，想法及行為顯得偏激

◎ 說話過分直接，少顧及別人的感受

這階段的孩子將要迎接中學生活，他們需要加強對話能力，有更佳的朋輩相處技巧，從而累積正面的社交經驗，使孩子能從依附父母的階段過渡至以朋友為中心的階段。

訓練活動 1：接龍遊戲

此活動適用於有以下情況的孩子：

你需要：

◎ 較被動

◇ 一副撲克牌

◎ 對別人的提問只有簡單的回答

◎ 有答非所問的情況

◎ 需要參與面試

→ 活動目標

模擬在面試環境中，恰當地回答別人的提問。

玩法 （需要三人參與）

1. 家長告訴孩子：「我們要玩一個接龍遊戲。」家長作主持人，孩子
   及另一人為參與者。

2. 家長和孩子每人各抽出一張撲克牌，牌面向上並放在桌上，作為
   「龍頭」。餘下的撲克牌放在旁為「牌疊」。

3. 家長向參與者問一道問題，例如家長問：「你們喜歡哪一個科目？」

4. 參與者需輪流回答問題，並以一至兩句話擴充或解釋答案。例如
   參與者回答：「我喜歡數學。因為數學科很實用，而且能鍛煉思
   考。」

5. 當參與者恰當地回答問題及擴充或解釋答案後，就可從牌疊中抽出
   三張撲克牌。如抽出的三張牌的其中一張與「龍頭」花式（階磚、
   梅花、紅心、葵扇）或數字相同，就可以接下去成為第二張牌。參

加者再檢視另外的兩張牌，如能與上一張牌的花式或數字相同，就可以接下去成為第三張牌，如此類推。

6. 當家長完成所有提問後，兩位參與者需點算能接上的撲克牌數目，數量最多者勝出。

7. 家長可參考以下問題：
   ◎ 你就讀哪一所小學？
   ◎ 你喜歡哪一個科目？
   ◎ 你喜歡自己的學校嗎？
   ◎ 你喜歡上學嗎？
   ◎ 你有參與課外活動嗎？
   ◎ 你有上補習社嗎？

💬 言語治療師的話

當別人提問時，一般人會因應場合和對方的期望，提供恰當與適量的資料，使大家能有效地溝通。例如當我們與朋友閒談時，除了回答朋友的問題，也會分享想法和感受，甚至作出提問，使大家能交流信息和情感。相反，當我們與不相熟的人溝通時，像接受電話訪問，我們的作答會盡量精簡，也可能只給予對方提問的資料。部分自閉症譜系障礙的孩子未能因應場合及別人的期望給予合適的回應，因此會予人被動或過分熱情的印象。

對答是面試中重要的一環，參與升中面試成為這階段自閉症譜系障礙孩子的一個挑戰。此訓練活動可以幫助他們面對面試的挑戰，讓他們有更好的發揮，也讓別人更了解自己。

☑ **家長評分**

如孩子有以下表現，顯示孩子已大致掌握活動目標：

◎ 能在70%時間裏恰當地回答問題及擴充或解釋答案

⌐⌐ **進階指引**

家長只發問封閉式問題，例如：「你有沒有參加課外活動？」「你喜不喜歡做運動？」孩子需恰當地擴充或解釋答案。

👉 **提示指引** （家長由第一步開始協助孩子，直至孩子能完成活動）

第一步：家長以口頭提示，引導孩子擴充答案

◎ 當孩子未能擴充該問題的答案時，家長可以問：「你可以說一說為什麼喜歡這個科目嗎？」

第二步：給予示範（如第一步不成功，才進行此步驟）

◎ 家長先問另一位參與者相同的問題。該參與者回答後，家長才發問孩子，讓孩子更有概念應該如何回答。

第三步：調適難度（如第二步不成功，才進行此步驟）

◎ 家長在每次發問後給予擴充答案的指示，例如家長向孩子提問：「你喜歡這科目嗎？你可以說出兩個喜歡的原因嗎？」

方法一：孩子作為遊戲的主持，並自行發問在面試中可能提問的問題，加強對面試的認識。

方法二：家長改變情景，例如改為與新認識的朋友閒談。家長提問，孩子作出合適的回應和擴充或解釋答案。

總結：

人與人相處時，

因為需要更深入了解對方，

所以要經過發問進行交流。

當別人提問時，

我可以因應場合，

調整答案的內容和長度。

這樣，別人就能更了解我。

我和別人就可以更有效地溝通。

訓練活動2：形象設計師

此活動適用於有以下情況的孩子：　　你需要：
◎ 較少留意自己的形象　　　　　　◇ 數張白紙
◎ 將要參加面試　　　　　　　　　◇ 一盒顏色筆

→ 活動目標

學習建立良好的個人形象。

玩法

1. 孩子在白紙上畫出在中學面試時的理想形象。孩子的圖畫需要描述理想形象的「外表」、「說話」和「行為」。

2. 家長請孩子分享圖畫並給予意見。

3. 孩子與家長討論自己能否與畫中人一樣予人良好的印象。

💬 言語治療師的話

正如筆者在「初小篇」所言，一般人都會依據別人的期望，調整自己的外表、說話和行為，使自己以良好的形象融入羣體中。然而，患有自閉症譜系障礙的孩子因為缺乏理解別人想法和感受的能力，他們大多會依據自己的喜好及想法行事，也容易有令人印象欠佳的行為出現。例如筆者曾接觸一個孩子，無論在任何場合，當他等候之時，都要大聲唱歌，所以有時予人奇怪的感覺。因此，家長需教導孩子從小就要因應不同的環境，留意及調整自己的外表、說話和行為，學習建立良好的形象，使他們能愉快地融入羣體中。

在教導孩子何謂良好形象時，家長要讓孩子明白良好的形象是由數個良好的印象累積而成。家長必須引導孩子從別人的角度思考，並以「令別人感到舒服和快樂」為原則，以分析某行為或特點予人的感覺。當孩子反覆地學習從別人的觀感出發，便會逐漸掌握予人良好形象的特點。

☑ 家長評分

如孩子同時有以下各項表現，顯示孩子已大致掌握活動目標：

◎ 能描述在面試時的「外表」、「說話」和「行為」的最少五個良好特點

◎ 能檢討自己是否予人好印象

（家長可以由第一步開始，逐步加深活動的難度）

第一步： 家長畫畫。畫中的人物同時有予人良好印象的特點及不良印象的特點。孩子作出評價並説出如何改善不良形象的特點。

第二步： 家長與孩子模擬進行面試。家長及孩子共同檢討能否如畫中人一樣給予人良好的印象。

提示指引 （家長由第一步開始協助孩子，直至孩子能完成活動）

第一步：鞏固基礎

◎ 孩子重溫初小篇訓練活動1「形象捉一捉」，鞏固理解良好印象及不良印象的特點的能力。

第二步：給予協助（如第一步不成功，才進行此步驟）

◎ 家長先與孩子討論如何可在面試中給人良好的印象，孩子才開始活動。

◎ 家長逐項描述不同的形象特點，孩子按提示畫出來。

變一變

家長改變情景，例如改為參與朋友的生日會。孩子畫出在該情景下的理想形象。

總結：

從別人與我接觸的一刻開始，

即使彼此不曾認識，

對方已對我產生印象。

我可以調節自己的外表、說話和行為，

讓人感到舒服和快樂。

這樣，別人會更願意與我交往。

訓練活動3：一觸即發

⊙ 活動目標

學習與人保持合宜的身體距離。

🧩 玩法

1. 家長與孩子討論何謂合宜的身體距離。家長可以說：「我們與人同處一個地方時，都會有一個身體距離。這樣，大家才會舒服。如果太接近對方，會使對方有壓迫感；太遠離對方的話，又會使對方感覺疏離。然而，我們與不同的人相處時會有不同的身體距離，這取決於與對方的親密程度。」

2. 家長再解釋：「家人：有時有較親密的身體接觸，例如牽手或擁抱；好朋友：偶然有身體接觸，例如搭着對方的肩膀或肩並肩走着；一般朋友：雙方可能保持有一隻手的距離；陌生人：最少有一隻手的距離或更遠。」

3. 家長可展示右圖，讓孩子更容易明白以上概念。

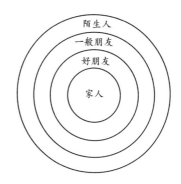

陌生人
一般朋友
好朋友
家人

4. 家長與孩子每人預備五張紙條，然後，每人在各張紙條上寫上1-5其中一個數字。

5. 家長設定遊戲的背景為其中一個圈，例如：家人。

6. 家長與孩子各抽出一張紙條，紙條的數字朝下。

7. 家長與孩子同時打開紙條。如數字相同，大家需鬥快說出在該圈內的人物，例如：媽媽、爸爸、哥哥。

8. 孩子與家長總結與該圈的人合宜的身體距離。

💬 言語治療師的話

　　患有自閉症譜系障礙的孩子，其中一個困難是與人保持合宜的身體距離。部分孩子由於社交或感覺系統問題，會過分害怕別人的觸碰或處於近距離，因而保持過遠的一個距離，會予人難以親近的感覺。相反，部分孩子會予人過於親近，甚至不能因應對方與自己的關係調節身體距離，這就會給人過於熱情的感覺。當孩子逐漸長大，與人保持合宜的身體距離除了有助與人相處及建立關係外，更可避免不必要的誤會。

如孩子同時有以下各項表現，顯示孩子已大致掌握活動目標：

◎ 能說出在不同圈內的人物

◎ 明白與不同的人會有不同的身體距離

✄ 進階指引 （家長可以由第一步開始，逐步加深活動的難度）

第一步：家長沿用以上遊戲方式，但改為說出與該圈人物相處時合宜的身體距離或動作。

第二步：家長與孩子自訂劇本，進行角色扮演，了解與人相處時有不合宜身體距離及別人的反應。

👉 提示指引

給予協助：

◎ 如孩子未能說出圈內人物，家長可以問孩子：「爸爸是不是屬於親人？」

◎ 家長與孩子寫下一些人物的名字，再討論他們是屬於哪一圈。

⭐ 變一變

家長沿用以上遊戲方式，但改為與孩子鬥快說出予人良好或不良印象的特點。

總結：

每個人會因應與對方的關係，
調節與對方的身體距離。
關係越是親近，身體距離越是接近。
我可以因應與別人的關係，
調節自己與別人的身體距離，
這樣，大家都會感到舒服。

訓練活動4：我畫你猜

此活動適用於有以下情況的孩子：

◎ 需要加強描述物件的技巧

◎ 需要學習主動表達

你需要：

◇ 數張紙條、筆

◇ 一個計時器

→ 活動目標

加強描述與學校有關事物的能力。

玩 法

1. 孩子把與學校有關的人物或物件名稱逐一寫在紙條上或畫在紙條上。

2. 家長利用計時器設定每個回合的時限，例如5分鐘。

3. 於限時內，孩子抽出紙條並作形容，家長猜出答案。猜中的答案越多越好。

4. 如家長對孩子描述的內容有疑問，家長可提出問題並要求孩子加以描述。

言語治療師的話

　　正如筆者在初小篇所言，患有自閉症譜系障礙的孩子缺乏洞悉別人是否理解自己說話的能力。當別人不明白他們的說話時，他們大多未能有效地重整或修補自己的說話。因此，他們常給別人一種辭不達意及難以溝通的印象。加上，因表達能力欠佳，他們未能清楚地描述事物，引致溝通障礙。如能加強孩子基本的描述及修補說話的能力，將有利他們傳達自己的信息。

　　描述與學校有關的人物或物件，可加強孩子留意身邊事物的能力，也能讓他們累積資料，以便與人開展話題。

家長評分

如孩子同時有以下各項表現，顯示孩子已大致掌握活動目標：
◎ 能對人物或物件有精確的描述
◎ 能洞悉別人不明白自己的說話並加以修正

進階指引

家長要求孩子先說出五項資料，家長才會說出答案。

第一步：給予協助

◎ 家長多提問，引導孩子作更多補充。

◎ 家長先與孩子討論形容人物或物件的大綱，孩子邊看大綱邊作描述。

第二步：調適難度（如第一步不成功，才進行此步驟）

◎ 孩子先集中描述人物或物件，待建立能力後，才交替地描述人物和物件。

⭐ 變一變

家長請孩子抽出一張紙條，然後分享自己與這人物或物件有關的一件事情。例如孩子抽出的紙條上寫着「班主任」，孩子即分享一件與班主任有關的事情。

總結：

我們透過說話，

告訴別人自己知道的事。

我可以想一想對方需要知道的是什麼，

然後運用精確的語言，

清晰地表達。

這樣，大家就能有效地溝通。

訓練活動5：路不拾遺

此活動適用於有以下情況的孩子：
◎ 較少留意別人是否明白自己的說話
◎ 需學習與人合作
◎ 已完成訓練活動4「我畫你猜」

你需要：
◇ 三十枚硬幣（例如一毫、兩毫或五毫）
◇ 一個眼罩（如沒有眼罩，可用口罩代替）
◇ 一個計時器

→ 活動目標

學習與人合作和溝通。

玩法 （需要三人參與）

1. 家長告訴孩子一起玩「路不拾遺」遊戲，由家長負責主持。

2. 孩子與另一參與者一組，該參與者需戴上眼罩。

3. 家長把一些硬幣放在家中四周，並說要找人幫忙拾回硬幣。

4. 家長拿出計時器，並設定時限，例如10分鐘。

5. 於限時內，孩子需指示戴上眼罩的同伴找尋硬幣，並由同伴拾起硬幣。

6. 孩子需用清晰的說話作出指示及留意同伴是否明白。如有需要，孩子可重整自己的說話令對方明白。

💬 言語治療師的話

　　患有自閉症譜系障礙的孩子因較少留意別人的反應，所以難以調節自己的行為和說話，因而未能與人暢順地合作。加上，他們的表達能力較弱，所以難以清楚地描述物件的位置。此遊戲可協助孩子明白留意對方反應的重要性，學習配合別人，並學習運用精確的語言作出指示。

☑ 家長評分

如孩子同時有以下各項表現，顯示孩子已大致掌握活動目標：
◎ 能清楚地描述硬幣的位置
◎ 有留意同伴的表現
◎ 能在有需要的時候重整自己的說話讓對方明白

〽 進階指引

　　多加入一人參與遊戲，孩子需同時指示二人拾回硬幣。

👉 提示指引　（家長由第一步開始協助孩子，直至孩子能完成活動）

第一步：給予協助
◎ 家長在旁以說話作出示範，引導孩子作出清晰的指示。

◎ 家長與孩子先討論怎樣作出指示，例如運用哪些詞彙較清晰，然後才開始遊戲。

第二步：調適難度（如第一步不成功，才進行此步驟）

◎ 家長減少活動中硬幣的數量或限制硬幣的擺放位置，讓孩子更容易完成活動。

其他：

◎ 多進行訓練活動4「我畫你猜」，加強孩子的描述能力。

◎ 如孩子未能留意別人的反應，可先進行初小篇訓練活動5「儲蓄車輛」。

變一變

戴上眼罩的人手持一枚硬幣。家長在房內放上幾個盒子。孩子指示同伴把硬幣放在指定的盒子裏。

總結：

一個人的力量有限，
需要互相合作完成不容易的事情。
人們合作時，
會留意對方的說話和表現，
想一想對方是否明白自己的意思，
然後改變自己的行為和說話。
這樣，大家就能明白彼此的意思，
就能暢順地合作。

訓練活動6：我是小記者

此活動適用於有以下情況的孩子：

◎ 較少表達感受

◎ 較難理解別人的感受

◎ 較少留意別人的表情動作

◎ 已完成本章的訓練活動1至5

你需要：

◇ 兩張白紙、筆

→ 活動目標

學習認識朋友的技巧。

玩 法

1. 家長和孩子每人各預備一張紙。

2. 限時內，家長與孩子各自在白紙上設計一份問卷，問卷上設計十條認識新朋友時可以發問的問題。

3. 家長和孩子可以用圖畫或文字設計問卷。

4. 完成後，大家分享問卷上的內容。

5. 家長與孩子討論發問每條問題的原因。

💬 言語治療師的話

　　患有自閉症譜系障礙的孩子不但對新環境感到害怕，也往往未能主動地結交朋友。他們需要多進行預習才可靈活地應付可能發生的事情。

　　這些孩子當中，部分極有繪畫和藝術天分。此遊戲加入圖畫為元素，可提升孩子對活動的興趣。

☑️ 家長評分

如孩子有以下表現，顯示孩子已大致掌握活動目標：

◎ 能列出十條認識新朋友時可以發問的問題

📶 進階指引　（家長可以由第一步開始，逐步加深活動的難度）

第一步： 家長與孩子進行角色扮演，情景為開學的第一天。孩子學習如何認識新朋友。如有需要，可運用問卷上的問題。

第二步： 家長與孩子改寫問卷，學習在另一個情景認識朋友，例如在興趣班中認識新朋友。

第三步： 家長與孩子討論哪些問題不應在認識新朋友時發問，以探討加深了解與侵犯別人私隱的分別。

第一步：給予協助

◎ 家長先與孩子討論認識新朋友時可問哪些資料，孩子再設計問卷。

◎ 邀請多一人參與遊戲，家長模擬認識新朋友，與該參與者對話。孩子從中學習可發問哪些問題。

第二步：調適難度（如第一步不成功，才進行此步驟）

◎ 家長只要求孩子完成五條問題

變一變

孩子應用問卷上的問卷訪問一個人，然後向家長匯報問卷上的資料，學習匯報技巧。

總結：

第一次見面時，

是認識對方的好機會。

通常，大家會透過傾談，

了解彼此的背景和喜好。

當我與人認識時，

我可以多主動找人傾談，

彼此就可以建立關係或友誼。

訓練活動7：大內密探

此活動適用於有以下情況的孩子：
◎ 較少留意或觀察別人
◎ 已完成訓練活動6「我是小記者」

⊙ 活動目標

學習觀察別人的特點。

玩法

1. 家長與孩子以一人為對象，例如一位同學。

2. 家長與孩子討論如何透過觀察，加深對別人的理解，例如觀察別人的外表、行為或神情。

3. 家長與孩子共同設計一份秘密檔案，檔案中最少有該對象的五項資料。例如：姓名、年齡、喜愛的活動、喜歡的食物、最好的朋友等。

4. 家長與孩子預計檔案完成的時間，例如一星期，並由孩子完成檔案。

5. 一星期後，孩子和家長分享檔案內容。

患有自閉症譜系障礙的孩子對別人缺乏觀察，往往需要直接提問才可得知與對方有關的事情。因此，教導他們運用發問以外的方法了解別人，能有效地加強他們對人的觀察能力，也可讓他們明白用「眼睛」接收資料的重要性。

☑ 家長評分

如孩子同時有以下各項表現，顯示孩子已大致掌握活動目標：

◎ 能寫出該對象的資料

◎ 能以觀察了解別人

🪜 進階指引

孩子最少觀察出該人的八項資料。然後，家長與孩子討論從觀察中得知別人的哪些特點。

👍 提示指引 （家長由第一步開始協助孩子，直至孩子能完成活動）

第一步：給予協助

◎ 家長可與孩子共同完成檔案，從中多作引導。

第三章 高小篇

第二步：調適難度（如第一步不成功，才進行此步驟）

◎ 孩子以問題形式收集答案。成功後，才改以問題形式及觀察形式收集答案。

其他：

◎ 進行訓練活動6「我是小記者」，學習認識新朋友時可留意哪 些資料。

☆ 變一變

家長可着孩子留意街上的人物，孩子説出對該人物的觀察。例如該女士拿着小書包，帶着孩子，想必是要帶孩子上學去。

總結：

認識別人時，

除了透過提問，

還可以用眼睛觀察。

訓練活動8：話題大廈

→ 活動目標

學習開展別人有興趣的話題。

玩法

1. 家長向孩子解釋何謂話題，即與人對話時的題材。

2. 家長與孩子設定以一人為傾談對象，例如一位同學。家長可提示孩子先想想別人的特點。

3. 孩子在紙上寫出對方可能有興趣的話題：在黃色紙上寫出與家庭有關的話題；在綠色紙上寫出與學校有關的話題；在藍色紙上寫出與最近發生事情有關的話題。

4. 家長與孩子把話題貼在一張大白紙上，一個話題代表一個樓層。家長與孩子統計可以建造多少個樓層。

5. 以下是部分話題建議：

◎ 與家庭有關的話題：你家中有什麼人？誰預備晚餐？你們一家在假期時有什麼活動？

◎ 與學校有關的話題：你最喜歡哪個科目？你參加了什麼課外活動？你喜歡哪位老師？

◎ 與最近發生事情有關的話題：上星期日，你到哪裏去了？聖誕假到了，你有什麼安排？

💬 言語治療師的話

　　患有自閉症譜系障礙的孩子，因為對別人的生活缺乏興趣，所以較少與人開展對話。即使他們與人開展話題，也可能只圍繞自己有興趣的話題，忽略別人的反應和興趣。成人引導他們多留意別人的特點，開展別人有興趣的話題，可讓他們多了解身邊的人，也可與人打開溝通之門。

　　自閉症譜系障礙的孩子通常對數量及實物的興趣較大，因此這遊戲以建造樓層為主題，以引起孩子的興趣。

☑ 家長評分

如孩子有以下表現，顯示孩子已大致掌握活動目標：

◎ 能因應對方的特點在三種不同的顏色紙上寫出話題

第一步：家長扮演該傾談對象，與孩子開展對話。孩子可用完成的話題
　　　　紙條開展對話。

第二步：孩子以兩人為傾談對象，並寫出此二人可能有興趣的話題。孩
　　　　子比較什麼話題可能引起其中一人的興趣，另一人可能沒有興
　　　　趣，並說明原因。

👍 提示指引　（家長由第一步開始協助孩子，直至孩子能完成活動）

第一步：給予協助

◎ 如孩子未能寫出話題，家長可提示孩子該傾談對象的特質，以引導
　孩子更易寫出話題。

第二步：調適難度（如第一步不成功，才進行此步驟）

◎ 孩子集中寫出某種顏色紙條的話題，待熟習開展與某個題材有關的
　話題後，家長才加入另外兩種顏色紙條的話題。

★ 變一變

以一人為傾談對象，家長請孩子寫下別人可能沒有興趣的話題，並
建造「劣質大廈」。家長與孩子討論別人對這些話題沒有興趣的原
因。

總結：

人與人的交流，

通常圍繞着不同的話題。

透過傾談，彼此能建立關係。

與人見面時，

我可以主動打開話題。

只要是與別人有關、與該場合有關，

或讓人感到舒服和快樂的話題，

就可能是合適的話題。

訓練活動9：家事論壇

此活動適用於有以下情況的孩子：

◎ 主動性較弱

◎ 對別人說的話較少回應

◎ 常轉移話題

你需要：

◇ 數張紙條、筆

→ 活動目標

學習延續話題。

玩法

1. 家長向孩子解釋何謂延續話題，即是當對方跟你說話時，你需要回應。

2. 家長向孩子解釋延續話題的技巧（方式）：眼神（例如：看着對方）、動作（例如：點頭）、重複對方說的話、回答對方的問題、給予相關的資料、發表意見、表達感受和發問。

3. 家長把以上每一個延續話題的技巧（方式）各寫在一張紙條上。

4. 家長開展任何一個有關「家事」的話題，例如跟孩子說：「今個星期，我們會到爺爺家。」

5. 孩子抽出紙條，以決定延續話題的方式。如孩子抽到了「發問」，就要問家長任何有關此話題的問題，例如孩子可以問家長：「我們何時出發？」

6. 同一話題，孩子可抽幾次紙條，學習以不同方式延續話題。

💬 言語治療師的話

當我們與人溝通時，我們會靈活地以不同方式延續話題，包括眼神（例如：看着對方）、動作（例如：點頭）、重複對方說的話、回答對方的問題、給予相關的資料、發表意見、表達感受和發問。然而，患有自閉症譜系障礙的孩子可能只局限地運用其中某些方法延續話題，例如不停地發問或只回答對方的提問，或只接續自己有興趣的話題。因此，引導他們學習以不同方式延續話題，可增加他們與人溝通的靈活性，促進他們與別人的交流。

☑ 家長評分

如孩子有以下表現，顯示孩子已大致掌握活動目標：

◎ 能在70%時間裏以不同方式延續話題

🎵 進階指引 （家長可以由第一步開始，逐步加深活動的難度）

第一步：家長選出一個題目，孩子抽出延續話題的方式，家長作出回應。孩子再抽出另一延續話題的方式，孩子就家長的回應延續話題。

第二步：家長與孩子選出一個題目，大家作討論。孩子同時學習打開話題和延續話題。

第一步：給予協助

◎ 家長以提問方式引導孩子。

第二步：調適難度（如第一步不成功，才進行此步驟）

◎ 家長先讓孩子熟習其中一個延續話題的方式，例如「發問」，然後才逐步加入其他延續話題的方式於遊戲中。

★ 變一變

當家長開展一個話題後，例如家長跟孩子說：「今個星期，我們會到爺爺家。」孩子說出需要為這事情作出的準備和安排，以加強計劃事情的能力。

總結：

當別人打開了話題，

我可以用：眼神、動作、重複對方說的話、

回答對方的問題、給予相關的資料、

發表意見、表達感受和發問等方式接下去，

這就是延續話題。

延續話題可以讓彼此持續地交流。

我延續話題，

別人會認為我對話題有興趣，

也願意與我繼續談下去。

訓練活動10：包裝說話

→ 活動目標

加強婉轉表達的能力。

🧩 玩法

1. 家長向孩子解釋何謂包裝說話，即是我們有意見需要發表，也要先想一想別人的感受，然後以別人能接受的方式表達。

2. 家長與孩子玩任何一種桌上遊戲，例如層層疊。

3. 每次開始桌上遊戲的一個回合前，家長或孩子可分享一個婉轉說話的經驗。

4. 家長或孩子分享一個婉轉說話的經驗後，便可繼續玩桌上遊戲。

💬 言語治療師的話

　　隨着年齡的增長，我們的人生經驗增加，更懂得衡量自己說的話是否合適，使自己既能表達意見，也能顧全對方的面子和感受。患有自閉症譜系障礙的孩子，因為較少從對方的角度思考，即使已達成人的年齡，說話可能仍如同小孩般直接。面對一些不滿時，他們會直言無諱。因此，即使他們的見解精闢，也可能因表達方式不當而不為別人接納，甚至因說話直接而經常開罪別人。家長教導他們婉轉地說話，不但可讓他們以別人更能接受的方式表達，也使他們多學習代入別人的角度思考。

☑ 家長評分

如孩子有以下表現，顯示孩子已大致掌握活動目標：

◎ 能分享婉轉說話的經驗

📶 進階指引

孩子分享一次婉轉說話的經驗後，再提議另一婉轉說話的方式。

👆 提示指引 （家長由第一步開始協助孩子，直至孩子能完成活動）

第一步：給予協助

◎ 家長就與孩子共同經歷的事情為基礎，以問題形式引導孩子思考。

第二步：調適難度（如第一步不成功，才進行此步驟）

◎ 家長分享直接或婉轉說話的經驗，孩子辨別這是直接說話還是婉轉說話，並分享對說話的感受。

變一變

方法一：家長沿用同一遊戲玩法，由孩子分享直接說話時沒有顧及別人感受的經驗，學習從負面經驗中成長。

方法一：家長分享直接說話時沒有顧及別人感受的經驗，孩子提議婉轉表達的方法。

總結：

人與人相處時，

會因為彼此的背景、喜好、習慣和想法等不同，

有不同的意見。

當我有意見時，

我可以思考表達的方式，

運用令人容易接受的語言，

這就是婉轉地表達。

我婉轉地表達，

就能顧及別人的感受，

這樣，大家的相處就會舒服。

親子故事1

此故事適用於有以下情況的孩子：　　　學習目標：
◎ 已完成本章的訓練活動1和2　　　　＊ 學習恰當地對答
◎ 能安坐5至10分鐘　　　　　　　　＊ 學習建立良好的個人形象
◎ 能進行基本的對答

家長以口語說出以下故事，並以問題引導孩子思考故事的細節。

樂詩的面試

樂詩是一個小六學生。今天，她要往心儀的中學參加升中面試。
（第一段）

面試前，她除了在家中瀏覽該中學的網頁外，還到網上討論區看看別人對這學校的評價及提供的資料。面試時，她穿着媽媽為她熨好的衣服，又梳好了整齊的髮型。她還特地提早起牀和預備，希望可以早些到學校熟習環境。
（第二段）

到達學校後，樂詩看見操場內到處都是參與面試的人，大家的神情都有點緊張。過了一會兒，老師請前來面試的同學排好隊，分批往不同的面試室。在面試室等候時，樂詩感到很無聊，她拿出手提電話觀看短片，還因看得太投入而不自覺地大笑起來。直至老師叫了她的名字好幾次，她才回過神來前往面試。面試時，樂詩有好幾道問題都不知道如何回應，她只好低下頭不作聲。
（第三段）

回家時，父母問起樂詩的表現。樂詩真的不知道自己的表現算不算理想。
（第四段）

問題1 請說一說樂詩在面試這事情上做得好的地方。（第二段）

參考答案：面試前，她除了在家中瀏覽該中學的網頁外，還到網上的討論區看看別人對這學校的評價及提供的資料。面試時，她穿着媽媽為她熨好的衣服，又梳好了整齊的髮型。她還特地提早起牀和預備，希望可以早些到學校熟習環境。

提示指引：「面試前，她做了什麼準備？」

家長回應：「樂詩希望從衣着及外表上予人好印象。另外，她先留意學校資料及熟習學校環境，也想讓人明白她的誠意。」藉此讓孩子明白如何在面試時給人留下好印象。

問題2 你認為樂詩有哪些地方可能給人一個不良的印象？
（第三段）

參考答案：她在等候面試時只顧玩手提電話和大笑，好幾次也沒有聽到老師的叫名。當她未能作答時，她只是低着頭。

提示指引：「你記得樂詩在等候面試時做了什麼嗎？當她未能回答老師的問題時，她有什麼表現？」

家長回應：「如果對方感到你不夠誠意，就不能留下好印象了。」

問題3 如果你是樂詩，當等候時感到無聊，你可以怎麼辦？
（第三段）

參考答案：我可以嘗試回憶網上有關這學校的資料，想想其他事情或觀察四周的人打發時間。

提示指引：「如果你是老師，你希望等候面試的同學做什麼？」藉此協助孩子代入他人角色，思考對方的期望。

家長回應：「你真的懂得思考別人的期望，也懂得安排自己的時間。」

問題4 如果你是樂詩，老師問了一些你未能回答的問題時，你可以怎麼辦？（第三段）

參考答案：我可以保持微笑，嘗試說說與問題有關的事情。如不明白問題，我可以有禮貌地請老師再說一次。

提示指引：「如果你是老師，你期望前來面試的學生怎樣回答問題？」藉此提示孩子檢討方法，並代入別人的角度思考問題。

家長回應：「當別人問我們問題時，我們詳細及盡力地回答，別人會覺得我們有誠意與他們溝通。」藉此讓孩子明白恰當地對答會予人有誠意的印象。

問題5 你會怎樣評價樂詩今次的面試表現？（第四段）

參考答案：我認為今次面試，樂詩有做得好及需要改善的地方，例如她事前的準備做得較好，但面試當天的表現就需要改善。

提示指引：「你認為樂詩在面試前的表現好嗎？到達學校後的表現如何？」藉此協助孩子檢討事情的細節。

家長回應：「你真的懂得就每個表現作檢討。」藉此教導孩子拆解事件。

☑ 家長評分

請家長在以下 ☐ 內加 ✓：

☐ 孩子能回答 4 至 5 題

☐ 孩子能回答 2 至 3 題

☐ 孩子能回答 0 至 1 題

根據評分，家長可按P.15的建議採取下一步行動。

⌁ 進階指引

◎ 家長可多些與孩子討論日常表現，並由孩子對自己的表現作出檢討。

親子故事2

家長以口語説出以下故事，並以問題引導孩子思考故事的細節。

熱情的阿南

　　阿南是小學五年級學生。同學們都認為阿南是一個主動和健談的人，可是，他們都不太喜歡與阿南談天，更害怕接近他。（第一段）

　　每天小息時，阿南看見同學談得興高采烈，他會立即走到同學身邊加入話題。有時候，當他傾談得高興時，他會捉着別人的手，即使是女同學，他也毫不顧忌。有時候，當他跟同學說起開心的事情時，他會越走越近，還會在同學面前指手劃腳。同學們都感到不太舒服，只好往後退。　　　　　　　　　　　　　　　　　　（第二段）

　　今天，班上來了一位插班的女生。小息時，阿南熱心地走到這位新同學面前，跟她分享學校的點滴。這女生心裏感激阿南的熱心。然而，當阿南談得投入時，他突然伸手摟着這女生。這女生嚇得立即甩掉阿南的手，快步地走開了。之後，她就不願意再跟阿南談天了。　　　　　　　　　　　　　　　　　　　　　　　　　　（第三段）

　　阿南心想，自己究竟做錯了什麼？為什麼每個同學都不喜歡我？　　　　　　　　　　　　　　　　　　　　　　　　　　　（第四段）

問題1 阿南與人交往時，有什麼優點？（第一段）

參考答案：阿南主動和健談。

提示指引：「阿南主動嗎？與人溝通時有話題嗎？」

家長回應：「每個人都有自己的優點。」藉此鼓勵孩子多留意別人的優
　　　　　點。

問題2 阿南與人談天時，有什麼問題？（第二段）

參考答案：有時候，當他傾談得高興時，他會捉着別人的手，即使是女
　　　　　同學，他也毫不顧忌。有時候，當他跟同學說起開心的事
　　　　　情，他會越走越近，還會在同學面前指手劃腳。

提示指引：「當他談得高興時，他的動作和與人的身體距離是怎樣的？」

家長回應：「你知道阿南未能與人保持恰當的身體距離是一個問題。」
　　　　　藉此加強孩子理解與人保持恰當身體距離的重要性。

問題3 班上插班的女生最初對阿南的印象怎樣？為什麼？
　　　　　（第三段）

參考答案：不錯。因為阿南熱心地走到這位新同學面前，跟她分享學校
　　　　　的點滴。

提示指引：「阿南在小息時主動做了什麼？這女生當時的感受是怎樣？」

家長回應：「好行為是會給人好印象的。」藉此加強孩子明白好行為會
　　　　　帶來好印象。

問題4 為什麼那位插班的女生突然走開了？ (第三段)

參考答案：因為當阿南談得投入時，他突然伸手摟着這女生，使她非常害怕。

提示指引：「當阿南談得投入時，他做了什麼？」

家長回應：「不恰當的身體距離的確會使人感到不舒服。」藉此讓孩子明白保持恰當身體距離的重要性。

問題5 你知道阿南的同學為什麼不喜歡他嗎？ (第四段)

參考答案：因為阿南未能與人保持合宜的距離，所以嚇怕了同學。

提示指引：「阿南有什麼表現嚇怕了同學？」

家長回應：「你的分析很有道理。與人保持合宜的身體距離在與人相處上是很重要的。」藉此讓孩子明白與人保持合宜距離的重要性。

☑ 家長評分

請家長在以下 □ 內加 ✓：

□ 孩子能回答 4 至 5 題

□ 孩子能回答 2 至 3 題

□ 孩子能回答 0 至 1 題

根據評分，家長可按P.15的建議採取下一步行動。

進階指引

◎ 讓孩子為故事中的阿南訂立目標,如何可改善與同學的關係及自己的形象。

◎◎ **親子故事3**

家長以口語說出以下故事，並以問題引導孩子思考故事的細節。

阿儀與志美

　　阿儀與志美是同班同學。她們居住於同一座大廈，背同一樣的書包，甚至連出生日期也相同。在班上，阿儀有很多朋友，每個假期，總有朋友邀請阿儀一起參與活動。阿儀對很多活動都有興趣，例如行山、游泳、烹飪和製作手工藝品。每次分組做專題研習，總有很多同學想與阿儀一組。相反，志美就沒有朋友，每次做專題研習時，都需要老師幫忙才能加入別人的小組。除了電腦遊戲和電子產品外，志美對其他事物都沒有多大的興趣。假期時，志美也是自己留在家中。　　　　　　　　　　　　　　　　　　　　（第一段）

　　今天是考試後的一天，阿儀邀請同學及親戚，於放學後到她家中，一起用麵包機焗蛋糕。放學時，阿儀碰見了志美。阿儀見志美這麼寂寞，便相約志美到她家中一起焗蛋糕。　　　　　（第二段）

　　當志美到達阿儀家中時，同學小智、家欣和美詩已到達，還有阿儀的表妹明恩。志美看見了同學，他們正談得興高采烈。志美點點頭後，便坐在一旁。這時，明恩看到了志美，明恩點點頭，微笑

着。志美因為不認識明恩，心裏有點緊張，只好迴避明恩的眼神。

（第三段）

　　不久後，阿儀拿着焗蛋糕的材料及工具，忙碌地張羅及講解着，其他人也忙着協助阿儀。只有志美一人還坐在椅子上，看着大家忙個不停。阿儀詳細地講解如何製作蛋糕，大家配合着一起幫忙。只有志美一人在旁看着，當其他人要求志美協助時，志美才會動手。

（第四段）

　　經過大家的努力，蛋糕終於做好了。當志美吃着蛋糕時，她正羨慕着阿儀有很多朋友。

（第五段）

問題1　文中提及阿儀和志美有什麼相同和不相同的地方？可否就相同及不相同的地方各舉出一項？（第一段）

參考答案： 相同的地方：就讀同一班、居住於同一座大廈、背一樣的書包、出生日期相同。不相同的地方：朋友的數量、興趣、參與專題研習時同學的反應、假期的活動。

提示指引： 「在阿儀和志美之中，哪一個的興趣較多？哪一個較受同學歡迎？」

家長回應： 「你能留意她們相同和不相同的地方。」藉此讓孩子明白專心聆聽的重要性。

問題2　為什麼阿儀要邀請志美到她家焗蛋糕？（第二段）

參考答案： 阿儀見志美這麼寂寞，便相約志美到她家中，一起焗蛋糕。

提示指引： 「阿儀在放學時遇見志美，她認為志美怎樣？」

家長回應：「你能留意阿儀的做事動機。」藉此教導孩子多留意別人的做事動機。

問題3 志美碰見同學和阿儀的表妹時，有什麼做得好的地方？有什麼需要改善的地方？（第三段）

參考答案：志美遇見同學時點點頭，是有禮貌地打招呼的表現。然而，當明恩跟志美點點頭和微笑地看着她時，志美卻迴避明恩的眼神，就顯得較沒禮貌。

提示指引：「志美有沒有跟同學和明恩打招呼？」

家長回應：「你能分辨何謂有禮貌地打招呼。」藉此讓孩子多留意如何才是有禮貌地打招呼的表現。

問題4 志美與其他人一起製作蛋糕時，有什麼需要改善的地方？（第四段）

參考答案：志美一人在旁看着，當其他人要求志美協助時，志美才會動手。

提示指引：「志美有幫忙嗎？她主動嗎？」

家長回應：「主動幫忙及留意別人的需要是非常重要的，可以影響別人對你的印象。」藉此讓孩子學習留意多檢討自己的行為。

問題5 為什麼阿儀較志美受歡迎？（綜合全文）

參考答案：阿儀的興趣廣泛、主動和明白別人的感受；相反，志美興趣

提示指引：「如果你是阿儀和志美的同學，你喜歡跟誰做朋友？」

家長回應：「你已學懂觀察別人的好行為和優點，你也可以阿儀為榜
　　　　　樣。」藉此教導孩子多作檢討和改進。

- -

☑ 家長評分

請家長在以下 □ 內加 ✓：

□ 孩子能回答 4 至 5 題

□ 孩子能回答 2 至 3 題

□ 孩子能回答 0 至 1 題

根據評分，家長可按P.15的建議採取下一步行動。

⌐ 進階指引

◎ 家長可與孩子一起找出自己的優點和需要改善的地方，並擬定計劃
　加以改進。

親子故事4

此故事適用於有以下情況的孩子：　　學習目標：
◎ 已完成本章的訓練活動6至8　　＊ 認識朋友
◎ 能安坐5至10分鐘　　＊ 觀察別人
◎ 能進行基本的對答　　＊ 開展話題

家長以口語說出以下故事，並以問題引導孩子思考故事的細節。

開學日

　　今天是開學日，也是阿明第一天上中學的日子。阿明希望在學校可結識更多朋友，也可以與朋友有不同的話題，更會有朋友約他一起去街。　　　　　　　　　　　　　　　　　　　　（第一段）

　　到達學校後，阿明左顧右盼，操場上有很多張陌生的面孔。阿明充滿期待，希望有新同學會主動上前與他聊天。不久，上課的鐘聲響起來，同學們有秩序地排隊走上課室。　　　　　　（第二段）

　　小息時，阿明在操場上，好不容易才看到了一位同班同學。阿明記起這同學就是美欣。這時，美欣也看見阿明，並向阿明微笑。阿明想認識美欣，於是他前去與美欣聊天。　　　　　（第三段）

　　放學時，阿明覺得今天還不錯，可以認識到新朋友美欣。
　　　　　　　　　　　　　　　　　　　　　　　　　　　（第四段）

問題1　阿明期待升中後的生活怎樣？與你期待的升中生活一樣嗎？（第一段）

參考答案：阿明希望在學校可結識更多朋友，也可以與朋友有不同的話題，更會有朋友約他一起去街。我就期望⋯⋯

提示指引：「阿明期望升中後在結交朋友方面怎樣？」

家長回應：「你有仔細留意故事內容，並能夠比較自己與阿明的期望。」藉此讓孩子知道要專心聆聽內容。

問題2　如果你是阿明，在操場上看見陌生的面孔，你會主動與同學聊天嗎？（第二段）

參考答案：會，因為我希望結識多些朋友。／不會，因為我想先熟習一下環境。

提示指引：「你認為在操場上先結識同學與先視察環境，各有什麼好處和壞處？」

家長回應：家長可以説：「不錯，你能仔細分析問題。」藉此引導孩子多學習分析問題。

問題3　你認為美欣友善嗎？你如何得知？（第三段）

參考答案：美欣看來友善，因為她向阿明微笑。

提示指引：「美欣當時的表情怎樣？這表示什麼？」

家長回應：「原來我們多觀察，就能了解別人的想法。」藉此教導孩子多留意別人的想法。

問題4 如果你是阿明，你會與美欣開展哪些話題？(第三段)

參考答案：我會跟美欣談一談新學校／母校／自己的興趣／對中學的期待，或任何美欣有興趣的話題，讓彼此加深了解。

提示指引：「哪些話題是認識朋友時會談的話題？哪些話題是新生有興趣的？」

家長回應：「你可以就情景想出恰當的話題了。」藉此加強孩子理解按情景開展話題的重要性。

☑ 家長評分

請家長在以下 □ 內加 ✓：

□ 孩子能回答 4 至 5 題

□ 孩子能回答 2 至 3 題

□ 孩子能回答 0 至 1 題

根據評分，家長可按P.15的建議採取下一步行動。

進階指引

◎ 家長可模擬不同的情景，與孩子討論如何在該情景下認識朋友及開展話題。

親子故事5

此故事適用於有以下情況的孩子：　　　　　學習目標：
◎ 已完成本章的訓練活動10　　　　　　　＊ 學習婉轉地表達
◎ 能安坐5至10分鐘
◎ 能進行基本的對答

家長以口語說出以下故事，並以問題引導孩子思考故事的細節。

阿麗的說話

　　阿麗是一個中一學生，她不但成績好，而且樂於助人，興趣也很廣泛。可是，她的朋友很少。很多人與她交往了一段短時間後，就逐漸地疏遠她。　　　　　　　　　　　　　　　　　（第一段）

　　星期六早上，阿麗在小巴站等候小巴時，遇見同樣在等小巴的朋友詩詩，阿麗說：「詩詩，很久不見了。怎麼你的品味越來越差？你穿得像一個老太婆！」詩詩說：「是嗎？我趕時間，我先走了。再見。」詩詩說完後，便頭也不回地走了。　　　　　（第二段）

　　今天，老師派回同學分組完成的專題研習。當阿麗收到專題研習後，不甚滿意評分。她皺着眉頭說：「都是阿華的錯，下載的圖片不但解像度差，與內容也不相符，拖低了我們的評分。還有阿美的部分，寫得一團糟。我就是被你們拖累的。」（第三段）

　　小息時，阿麗遇見阿晴。阿麗見阿晴悶悶不樂，便問她發生了什麼事。阿晴說她遺失了手錶。阿麗說：「小事一樁，你那手錶又殘又舊，是時候買一個新的了。不過，我看你平日那麼一毛不拔，

想必不會花錢買了。不如你到街市的那一個攤檔，那裏的手錶便宜得很，最適合你這麼吝嗇的人。」 (第四段)

　　放學時，阿麗遇見了班主任陳老師。陳老師問阿麗的中學生活怎樣，阿麗埋怨同學們太小器，不肯跟她做朋友。 (第五段)

問題1 阿麗的朋友喜歡她嗎？你如何得知？(第一段)

參考答案：不喜歡。因為文中提到，很多人與她交往了一段短時間後，便逐漸地疏遠她。

提示指引：「朋友能和阿麗建立友誼嗎？朋友對阿麗怎樣？」

家長回應：「你能明白故事內容並知道朋友逐漸疏遠她，是代表不喜歡她。」藉此讓孩子明白別人的行為與想法有關。

問題2 你認為詩詩在小巴站遇見阿麗後，説自己趕時間便走開了，是真的趕時間嗎？為什麼？(第二段)

參考答案：詩詩未必是趕時間。因為阿麗批評詩詩的衣着，可能會令詩詩感到尷尬，所以詩詩借故走開了。

提示指引：「你記得當時阿麗在小巴站做了什麼嗎？」

家長回應：「直接批評別人的衣着會使人難受或尷尬。當別人的感覺不好時，又不好意思當面與你對質，就會借機走開。」藉此讓孩子明白批評別人的外表會使人難受。

問題3 如果你是阿麗，當遇見很久沒見的朋友時，你可以如何打開話題？（第二段）

參考答案：我可以問一問朋友的近況、傾談最近發生的事或彼此有興趣的話題。

提示指引：「你在街上碰見過朋友嗎？你還記得對方跟你說了什麼嗎？」藉此協助孩子從生活經驗中歸納技巧。

家長回應：「我們需要思考對方的感受才開展話題。」藉此加強孩子對開展話題的認識。

問題4 如果你是阿麗，當收到老師派回的專題研習時，你希望表達自己的意見，你可以怎樣做？（第三段）

參考答案：我可以用婉轉的表達方式，先想想對方的感受才說話。例如說：「我們下次可以用解像度較好的圖片，另外，我們可以多注意表達方式，這樣，我們的報告會更好。」

提示指引：「你想想可以如何婉轉地表達，以顧及別人的感受？這樣做對事情有正面作用嗎？」

家長回應：「原來，這樣說就可以婉轉地表達，以顧及別人的感受，又會對事件有正面的作用。」藉此讓孩子明白婉轉地表達是顧及別人的感受。

問題5 如果你是阿晴，你希望聽到阿麗怎樣說？為什麼？（第四段）

參考答案：我希望聽到安慰的話，而不是批評我畜薔，因為安慰的話會令我舒服。

提示指引：「如果你遺失了手錶，你的心情怎樣？你希望聽到什麼樣的話？」

家長回應：「看來你說話時能顧及別人的感受。」藉此讓孩子多留意說話時顧及別人感受的重要性。

☑ 家長評分

請家長在以下 □ 內加 ✓：

□ 孩子能回答 4 至 5 題

□ 孩子能回答 2 至 3 題

□ 孩子能回答 0 至 1 題

根據評分，家長可按P.15的建議採取下一步行動。

⤴ 進階指引

◎ 孩子代入班主任陳老師的角色，學習給予阿麗建議如何改善與朋友的關係。

家長心得和感受

Kathy媽媽的分享

選擇合適時機開始遊戲

　　起初，孩子或會對遊戲不太感興趣。我們可讓他選擇開始遊戲的時間，這樣，孩子就更易投入在其了。

家長逐步提升活動難度

　　我們進行的是訓練活動5「路不拾遺」。起初，孩子對遊戲不太投入，並只用簡單的詞語向家長指示硬幣的位置，描述顯得甚為散亂。我們嘗試盡量理解孩子的話並找到硬幣，孩子即時顯得很有滿足感。然後，我們逐步提升難度，孩子就能容易掌握目標。

分析孩子問題的原因

　　孩子最初回答親子故事的提問時，顯得甚有困難。我們先分析孩子未能作答的原因，然後跟着提示指引一步一步的協助孩子，孩子就能掌握了。

加深對孩子的了解

　　當我們玩訓練活動4「我畫你猜」時，孩子的答案是「豬」，當時孩子提示我們「這是香港沒有的」。我們才知道孩子誤以為香港已經沒有豬了。於是，我們計劃帶孩子到香港有豬的地方看看。

　　我覺得訓練活動和親子故事中的提示指引編寫得很仔細和全面。如沒有臨牀經驗，是不能編寫出如此具體的建議。我作為家長，覺得很有共鳴及非常實用。

資源、相關機構及連結

救世軍天鑰家庭及兒童發展中心

電話：（852）2893 2537

傳真：（852）2893 2535

網址：http://www.salvation.org.hk/SSD_Web/sky

電郵：sky@ssd.salvation.org.hk

地址：香港灣仔救世軍街6號教育及發展中心4樓403室

自閉症人士福利促進會

電話：（852）2788 3326 或 （852）3188 4504

傳真：（852）2778 1414

網址：http://www.swap.org.hk

電郵：info@swap.org.hk

地址：九龍石硤尾村第十九座210-214室

學前弱能兒童家長會

電話：（852）2324 6099

傳真：（852）2352 4991

網址：http://www.parentsassn.org.hk

電郵：paphc@parentsassn.org.hk

地址：香港九龍鑽石山鳳德村紫鳳樓地下1-2A室

香港自閉症聯盟

香港傳呼電話：（852）7102 7454

Whatsapp：（852）5542 2454

網址：http://www.autism.hk

電郵：law@hksen.org

豬

白兔

綿羊

雞

貓

牛

香蕉

橙

蘋果

開心樹葉

葡萄

梨子

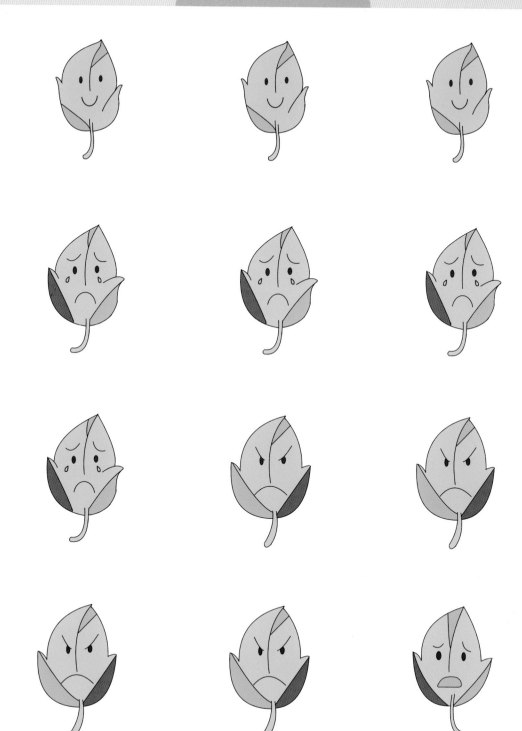

「學前篇」訓練活動6使用 開心樹葉 	「學前篇」訓練活動6使用 開心樹葉 	「學前篇」訓練活動6使用 開心樹葉
「學前篇」訓練活動6使用 傷心／不開心樹葉 	「學前篇」訓練活動6使用 傷心／不開心樹葉 	「學前篇」訓練活動6使用 傷心／不開心樹葉
「學前篇」訓練活動6使用 生氣樹葉 	「學前篇」訓練活動6使用 生氣樹葉 	「學前篇」訓練活動6使用 傷心／不開心樹葉
「學前篇」訓練活動6使用 害怕樹葉 	「學前篇」訓練活動6使用 生氣樹葉 	「學前篇」訓練活動6使用 生氣樹葉

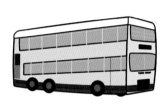

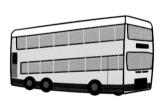

「學前篇」訓練活動6使用

害怕樹葉

「學前篇」訓練活動6使用

害怕樹葉

「學前篇」訓練活動6使用

害怕樹葉

「初小篇」訓練活動5使用

交通工具

「初小篇」訓練活動5使用

交通工具

「初小篇」訓練活動2使用

五點擴音機

「初小篇」訓練活動5使用

交通工具

「初小篇」訓練活動5使用

交通工具

「初小篇」訓練活動5使用

交通工具

「初小篇」訓練活動5使用

交通工具

「初小篇」訓練活動5使用

交通工具

「初小篇」訓練活動5使用

交通工具

「初小篇」訓練活動5使用

交通工具

「初小篇」訓練活動5使用

交通工具

「初小篇」訓練活動5使用

交通工具

「初小篇」訓練活動5使用

交通工具

「初小篇」訓練活動5使用

交通工具

「初小篇」訓練活動5使用

交通工具

「初小篇」訓練活動5使用

交通工具

「初小篇」訓練活動5使用

交通工具

「初小篇」訓練活動5使用

交通工具

「初小篇」訓練活動5使用

交通工具

「初小篇」訓練活動5使用

交通工具

「初小篇」訓練活動5使用

交通工具

「初小篇」訓練活動8使用

炸彈

「初小篇」訓練活動8使用

炸彈

「初小篇」訓練活動8使用

炸彈

「初小篇」訓練活動8使用

炸彈

「初小篇」訓練活動8使用

炸彈

「初小篇」訓練活動8使用

炸彈

「初小篇」訓練活動8使用

炸彈

「初小篇」訓練活動8使用

炸彈

「初小篇」訓練活動8使用

炸彈

「初小篇」訓練活動9使用

生菜

「初小篇」訓練活動9使用

生菜

「初小篇」訓練活動8使用

炸彈

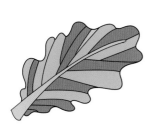

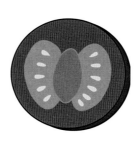
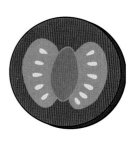

青瓜

生菜

生菜

青瓜

青瓜

青瓜

麪包

麪包

麪包

番茄

番茄

麪包

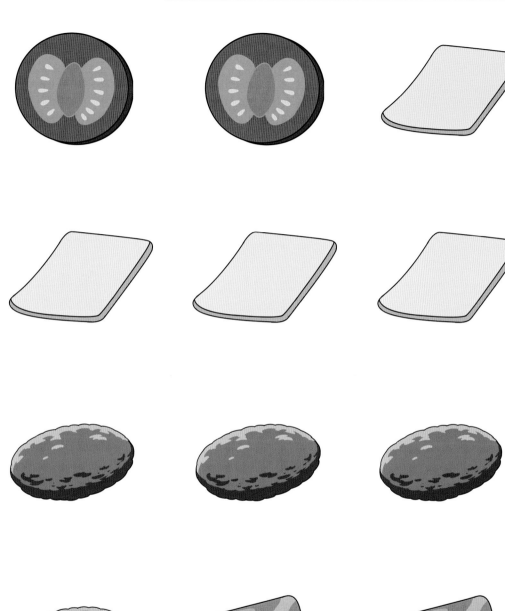

芝士

番茄

番茄

芝士

芝士

芝士

漢堡扒

漢堡扒

漢堡扒

火腿

火腿

漢堡扒

蘑菇

火腿

火腿

蘑菇

蘑菇

蘑菇

番茄醬

沙律醬